躺著賺 1年400萬的肥羊養股術

翁建原◎著

目錄

目錄

序言
不怕股票跌得更慘　只怕買得不夠多

想要教人投資，首先要亮出自己的成績單，所以我就開宗明義的直接說了，2019 年本肥羊炒股獲利 403 萬 5,326 元。算法如下：

2019 年 1 月 2 日中信金（2891）收盤價 19.9 元，2019 年 11 月 21 日收盤價 22 元，配發現金股利 1 元，還原息值為 23 元，計算價差 3.1 元（＝ 23 － 19.9），以股票張數 1,251 張計算（主要是 2017 年 4 月～ 8 月買的 591 張，和 2018 年 4 月 20 日買的 578 張，之後還有陸陸續續買進 82 張，截至 2019 年 1 月 2 日，共持有 1,251 張），股息＋資本利得共 387 萬 8,100 元（＝ 3.1×1,251×1,000）。

加上永久型肥羊派波浪理論價差交易（交易方式詳見 Chapter 8）獲利 4 萬 4,000 元，2019 年額外購買的 28 張

中信金獲利 4 萬 5,000 元，除權息時買賣中信金減少繳交稅金 6 萬 226 元，中信金丙特（2891C）獲利 8,000 元，合計 403 萬 5,326 元（＝ 387 萬 8,100 ＋ 4 萬 4,000 ＋ 4 萬 5,000 ＋ 6 萬 226 ＋ 8,000）。

這是肥羊自從 2016 年以來，操作金融股連續 4 年獲利（2016 年是第一金（2892）獲利；2017 年和 2018 年是第一金＋中信金獲利；2019 年是中信金獲利），可喜可賀。

如果各位懷疑本肥羊的獲利，我都有在書裡貼上交易紀錄，歡迎各位自己計算本肥羊 2019 年是否有賺到 400 萬元，相信算出來的數據應該和我上面算的差不了多少。我們肥羊流派和市面上所有的股市名師不同，賺多少說多少，絕不會每天誇口自己現金股利幾百萬元，但卻拿不出任何交易紀錄來。

有幾分證據講幾分話，你可以質疑本肥羊炒股錢賺得太少，但絕不能懷疑本肥羊「炒股總是賺錢」的誠信。為了取信所有人，我每次不管是演講、上電視或被雜誌採訪時，都會拿股票存摺出來，請所有觀眾鑑定真假。股市名師有

義務向所有人展現自己炒股賺錢的證據，如果做不到的話，就不用出來混了。

我曾向所有人誇口：「中信金沒有 23 元不出新書。」如今中信金已經突破 23 元（2019 年 11 月 15 日收盤價 22.15 元、現金股利 1 元，還原息值的話，股價實質上為 23.15 元），所以我出新書了。由於前面提到的這 403 萬 5,326 元獲利賺得輕鬆，但將所有數字全部擺上去不好看，所以書名取為《躺著賺 1 年 400 萬的肥羊養股術》。

2019 年可說是大風大浪的日子，中美貿易戰雙方不斷加碼，我先前看新聞，還有專家在研究中美爆發核子戰爭的可能性，每天都是一堆人在喊崩盤。但我實實在在地告訴各位：「2019 年根本什麼事情都沒發生，一切全是記者在嚇唬人而已。」

股市也是跌破萬點之後，再漲破萬點，一切都沒有任何變化。唯一變化的是各位手上的持股，可能在這一波的大跌大漲中，被洗掉而已。如此沉不住氣的你，為何到現在還不願承認自己的錯誤？死要面子的你，跟錢有仇嗎？至

於本肥羊呢？我在 2019 年年初時持有中信金股票 1,251 張，之後一度加碼到 1,319 張，目前（2019 年 11 月 21 日）減少到 1,279 張，共增加 28 張。

本肥羊在股市大跌或股票大跌時，股票張數只會變多，不會變少。這就是本肥羊炒股總是賺錢，而你們炒股總是賠錢的根本差別。本肥羊永遠在市場恐慌時買股票，在股票相對低點時買股票，永遠不會等到股票最低點時，才想要買股票。我永遠不擔心明天股票會跌得更慘，只會擔心今天股票買得不夠多，「永不畏懼」是本肥羊的座右銘。我從不害怕賠錢，但你呢？你害怕賠錢嗎？

在 2019 年年初的時候，許多跟隨我的粉絲，都因為承受不住台股大跌的壓力，紛紛賣掉金融股。這其中包含了許多自稱與肥羊同進退的鐵粉。或許這些自稱鐵粉的人，太瞧得起自己的意志力了。

人在沒出事的時候，總是誇口說沒問題，一旦出事以後，根本找不到他的人影，多可悲的人性啊。這些承受不住壓力選擇賣股票的人，之後就只能看著大盤一路漲破萬點，

最高來到 1 萬 2,125.9 點（2019 年 12 月 18 日盤中高點），中信金也屢創新高（2019 年 11 月 15 日盤中高點 22.35 元），不再回頭。如果這些粉絲能夠支撐住的話，根本不會有任何金錢上的損失，甚至獲得巨大的利潤，可惜了。

可惜的是，有些人總是聽不懂人話，無論你如何告誡他，也只是在浪費時間而已。我身旁的大徒弟，我一直勸她在大跌時趁機買進股票，她打死不肯。

等之後股票大漲回來，她問我啥時可以賣掉股票？我告訴她：「先前低點你沒買，現在高點你要怎麼賣？除非你願意重設交易基準點。」她不知道怎麼辦，乾脆就將手邊價值 200 萬元的股票放著不動，不買也不賣。後來她在中信金股價 21.5 元時重設交易點，目前（2019 年 11 月）獲利也有 30 萬元左右。

在炒股時我們最常犯的第 1 個錯誤，就是反應太快。就像那些跟隨我的粉絲看到股票大跌，紛紛反應很快地賣掉股票。然而許多時候都是股票賣了之後，就沒機會再買回來。然後他們只能每天看戲，等著崩盤。我實在是不知道

這些粉絲腦袋在裝啥？

　有些粉絲還會在社團裡面天天散布崩盤的假消息，這些製造假謠言的粉絲我全部踢了。FB 社團「股市肥羊」不是一個民主自由的社團，我這裡沒有任何言論自由可言，既然你堅持認為股市會崩盤，我只好請你離去了。本肥羊不會在意你的言論是對是錯，我只是「想踢你」而已。

　我不預測未來，當我碰到會預測未來的人，我一律叫他滾，即使他真的會預測未來。畢竟這世上騙子太多，我不能為了尋找只有 1% 的先知，而去研究另外 99% 騙子的說法，這樣不符合經濟效益。永遠不要相信能夠預測明天的人，除非你和他之間，有一個人瘋了。看看所有的股票社團，都在預測明天的漲勢，就知道有多少散戶瘋了，天佑台灣啊。

　人們常犯的第 2 個錯誤，就是大跌時發呆不動，既不買也不賣，傻呆呆地等著，就像我的大徒弟一樣。我後來也不知道怎麼樣指導我的大徒弟，就直接放生了。我想大徒弟不需要任何的指導，她只需要抱著股票發呆過一生就可

以了。

　　大徒弟這種行為就是典型的存股，你說錯誤嗎？其實沒有錯誤，股票本來就可以這樣放著不動的。所謂「天荒地老，公司永遠不會倒。」呆呆傻傻的大徒弟，其實正是長期投資的最高表現。手中有股票，心中無股價，每年傻呆呆領現金股利就可以了。可惜的是大徒弟不懂「大跌要大買」這個道理，否則她炒股可以賺更多。

　　散戶存股最大的問題點，就是忘了股價，他們不會在高點賣股票，也不會在低點買股票。這是非常嚴肅的問題，不過這也是存股最容易成功的關鍵點。如果不擅長炒股的人，可以這樣子做，找家不會倒的大公司，買進它的股票、投資元大台灣50（0050），或者每年分配股息的特別股，例如中信金丙特或中信金乙特（2891B）。買了後忘記這些股票、ETF和基金，10年後你會得到極為可觀的利潤。

　　我認為這世上有兩種人可以炒股賺錢，一是全知全能，二是無知無能。全知全能者可以預測未來，因此能夠賺到錢；無知無能者完全看不到未來，索性發呆不動，這反而

躺著賺\\＊400萬的肥羊養股術

在無意之間達成了長期投資的最高境界。我們常聽到有些老人在年輕時炒股賠錢，乾脆就把股票放著擺爛，20年後反而大大地賺錢了。

天下太平，本來就沒有任何事情會發生，只有庸才會一直煩惱每天發生多少大事。如果你無法抵抗外界的干擾，良心建議你買完股票以後，就把股票存摺鎖起來，永遠不要再去看。這種最白痴的炒股法，往往會賺到錢。

我以前跟幾個認識的醫師，講解長期投資的好處，其中有人問我：「每年5%的長期投資報酬率，跟人民幣定存有什麼差別？」我回答他說：「差不多啊。」就看到他露出一副很瞧不起人的態度。之後我再看到他的時候，只聽到他在講：「以前是主力坑殺散戶，現在時代進步了，美國總統川普（Donald Trump）放空美股之後，再揚言與中國貿易戰，美國總統坑殺全世界啊。」

看到這位醫師如此激動，我大概知道他做短線投機肯定賠了不少錢。我只是很好奇，他為何不去玩他口中一直推崇的人民幣定存？人民幣定存不是穩賺不賠，風險又低嗎？

他都知道了，為何還不去定存人民幣？寧願玩短線投機，賠到一塌糊塗。莫非他喜歡賠錢，所以要拚命搞賠錢的短線投機，心情才會愉快？這位醫師對理財觀念了解得非常深入，做出來的績效卻如此可笑，莫非他除了研讀理財書籍以外，什麼都不會？

我後來深入這個問題去查了一下，發現台灣的人民幣 1 年期定存利率只有 2.5%（詳見註 1），而且每天只能換匯人民幣 2 萬元（約合新台幣 8 萬 6,600 元）。如果辦理台胞證飛去中國辦定存的話，1 年期定存利率（整存整取）約 3.25%，5 年期定存利率（整存整取）約 4.75%。換匯時還得出示工作所得證明，否則無法將人民幣換成新台幣。除非你本身有在中國工作，否則一般台灣人根本不可能搞人民幣定存。

這位醫師大概還不知道中國對於外國人在銀行開戶，有很多限制，很多人最後不能透過合法管道來搞金融交易，只能透過地下金融來開戶和換匯，甚至遭到黑吃黑。他竟然想去有「外匯地獄」美名的中國，辦理人民幣定存，真是讓人懷疑國立醫學系的水準。這就是所謂「高智商的白

痴」，難怪詐騙集團都喜歡欺騙醫師。以前本肥羊所待的醫院，還被詐騙集團設過點，公開販賣未上市股票，詐騙本院醫師金額破億元。後來事情爆發，上了新聞，對此，本肥羊只能說「愛自作聰明，活該死好。」

這邊我也想要澄清幾件事情，在 2018 年 10 月出版《完整公開交易紀錄的肥羊養股術》的時候，我一直認為自己已經把理論寫得很完善了，但還是一直有人誤解書中的內容。我說中信金 24 元以內可以買（2019 年年底調整成 25 元以內可以買），就有人問為什麼他買 23 元的中信金會賠錢？問他有在低點時加碼嗎？完全沒有。

低點不肯加碼，這樣要如何解套呢？本肥羊只能請他再長期投資 2 年，到時應該就有希望解套了。後來他受不了賠錢的壓力，賣掉中信金，結果中信金之後股價就漲到 22.35 元（2019 年 11 月 15 日盤中高點，中間有配發現金股利 1 元，還原息值是 23.35 元）。原本可以解套的中信金，他低點不買，反而還賣掉，結局就是賠錢而已。

註 1：編按：在 2019 年普遍已降至 2% 以下。

也有人問本肥羊，為何標準型肥羊派波浪理論要設股價每漲跌5%，賣買1張呢？難道不能設股價每漲跌25%賣買1張嗎？當然可以設股價每漲跌25%賣買1張，問題是股價漲跌不到25%啊。你設一個達不到的目標，意義何在？肥羊派波浪理論只是一個交易手法，並不是說你一定要用肥羊派波浪理論才能炒股。沒錢請存股，如果你錢不夠買20張股票，無法進行肥羊派波浪理論的操作，那你可以買4張股票放著不動，不需要任何買賣。

此外，有讀者問我，公司到底是現金股利發得愈多愈好，還是公司規模愈大愈好？很好的問題。但我記得書上是寫公司規模要夠大，而且現金股利要夠多，這兩個條件必須同時存在。你怎麼會問我哪一個條件比較重要呢？這兩個條件根本缺一不可。

另外，還有一些人擔心金融業不安全，關於這點，我先前接受雜誌採訪時，都一再強調金融業是自古不滅的行業，從戰國時代齊國相國孟嘗君的門客燒債券時，就已經記載在史書了，綿延近3,000年的歷史。我認為即使發生第三次世界大戰，金融業還是會繼續存在。只要人類沒全部死絕，

躺著賺
1年400萬的肥羊養股術

金融業就不可能從地球上消失，所以各位到底擔心什麼呢？

台灣上次有銀行倒閉，是 2007 年的中華商業銀行（後來被香港上海滙豐銀行接收，併入「滙豐（台灣）商業銀行」），至 2019 年年底已經 12 年沒有任何銀行倒閉過了。所以各位到底在怕什麼呢？

最近還有很多人說國泰金（2882）的保單虧空嚴重，你們相信這種鬼話嗎？電子業每年都有公司倒閉，每個散戶都拚命買電子股，無所畏懼。金融業 12 年才倒 1 家，但大家都害怕銀行出問題，還有人認為壽險公司會因為 20 年前的高利率保單，承受鉅額虧損。如此荒謬的邏輯思考，就是散戶為何成為散戶的原因。

人棄我取，既然大家如此看衰保險業，我在此告訴大家我看多保險業。我特別指明富邦金（2881）、國泰金和中信金這 3 家與保險有關的金控，我看多這 3 家公司。大家可以看看以後這 3 家公司的發展會如何。

有鑑於讀者對肥羊兵法的誤會太多了，我個人認為有必

要再出一本書解釋清楚。本肥羊不搞訂閱，每個月跟粉絲收訂閱費；不搞巡迴演講，每年還要跟粉絲討演講費。我所知道的明牌，全數公開在書裡面，沒有任何藏私。

各位讀者如果賞臉就買書回家，本肥羊不會讓你覺得浪費錢。各位讀者如果不想花錢買書也可以，去書店看免錢的，本肥羊一樣感恩你。你我相逢即是有緣，買不買這本書，其實沒這麼重要。如果各位還有任何疑問，歡迎加入臉書社團「股市肥羊」，本肥羊很樂意回答你的問題，免費。

順便預告一下，2020 年將會是本肥羊 21 年炒股人生的最後 1 年（從 2000 年起算到 2020 年），2021 年以後將交由第 2 代肥羊炒股，本肥羊退居幕後。年輕人就該多些時間練習，不能總是由老人家來操盤，這樣經驗才能傳承下去。肥羊系列如果還有第 3 本，將會是由我兒子來寫，而不是由我來寫。筆名一樣叫翁建原，綽號一樣叫肥羊。

周王朝從文王、武王、周公，代代傳承，綿延不絕。肥羊流派也相同。「傳承」是本流派的特色，賺錢多少倒不是首要考量。在此祝各位讀者炒股順利，明年炒股賺得比

躺著賺\|賺400萬的肥羊養股術

今年還多。最後附上一首詩送給大家：

昨夜崩盤狂跌，沉睡無心分析。

試問營業員，卻道眾人皆賠。

知否？知否？應是狼肥羊瘦。

股市肥羊

翁建原

圖1 肥羊兵法的交易紀錄全公開

肥羊的證券存摺1

		證券名稱 Securities	摘　要 Memo	提出數額 Withdrawal	存入數額 Deposit	餘　額 Balance
1					980125	77
2	106 10 13	第一金	賣　出	※※※※※※※※※※10,000		※※※※※※※※557,585
3	106 10 27	第一金	買　進		※※※※※※※※※※20,000	※※※※※※※※577,585
4	106 12 29	第一金	餘額登摺			※※※※※※※577,585
5	107 01 17	第一金	賣　出	※※※※※※※※※※10,000		※※※※※※※※567,585
6	107 02 09	第一金	買　進		※※※※※※※※※※10,000	※※※※※※※※577,585
7	107 02 26	第一金	賣　出	※※※※※※※※※※10,000		※※※※※※※※567,585
8	107 03 09	第一金	餘額登摺			※※※※※※※567,585
9	107 03 28	中信金乙特	買　進		※※※※※※※※※※3,000	※※※※※※※※※3,000
10	107 04 20	中信金乙特	餘額登摺			※※※※※※※※※3,000
11	107 04 20	第一金	餘額登摺			※※※※※※※567,585
12	107 06 07	第一金	賣　出	※※※※※※※※※10,000		※※※※※※※※557,585
13	107 06 13	中信金乙特	買　進		※※※※※※※※※6,000	※※※※※※※※※9,000
14	107 07 10	中信金乙特	買　進		※※※※※※※578,000	※※※※※※※578,000
15	107 07 10	中信金乙特	賣　出	※※※※※※※※※9,000		※※※※※※※※※※0
16	107 07 10	第一金	賣　出	※※※※※※※※557,585		※※※※※※※※※※0
17	107 07 13	中信金	餘額登摺			※※※※※※578,000
18	107 08 31	中信金	餘額登摺			※※※※※※578,000
19	107 10 23	中信金	買　進		※※※※※※※※※1,000	※※※※※※※579,000
20	107 10 25	中信金	買　進		※※※※※※※※※2,000	※※※※※※※581,000
21	107 10 26	中信金	買　進		※※※※※※※※※1,000	※※※※※※※582,000
22	107 11 02	中信金	餘額登摺			※※※※※※※582,000
23	107 11 08	中信金	賣　出	※※※※※※※※※20,000		※※※※※※※562,000
24	107 11 23	中信金	餘額登摺			※※※※※※※562,000
25	107 11 23	中信金	買　進		※※※※※※※※20,000	※※※※※※※582,000
26	107 12 10	中信金	買　進		※※※※※※※※5,000	※※※※※※※587,000
27	107 12 11	中信金	買　進		※※※※※※※※2,000	※※※※※※※589,000
28	107 12 21	中信金	餘額登摺			※※※※※※※589,000
29	108 05 06	中信金丙特	現股配發		※※※※※※※※3,960	※※※※※※※3,960
30	108 05 28	中信金	買　進		※※※※※※※※8,000	※※※※※※597,000

1.「證券名稱」欄為股票時，其單位為股；為債券時，其單位為元。
2.本存摺所載「買進」之有價證券，應俟證券商完成交割結算手續後，始登載帳簿，辦理入帳。
3.本存摺所載「現券送存」之有價證券，應俟證券商送達臺灣集中保管結算所後，始登載帳簿，辦理入帳。

躺著賺1年400萬的肥羊養股術

		證券名稱 Securities	摘　要 Memo	提出數額 Withdrawal	存入數額 Deposit	餘　額 Balance
1						980124　55
2	108 05 28	中信金丙特	賣　　出	***********3,960		*************0
3	108 05 29	中信金	買　　進		***********3,000	********600,000
4	108 07 12	中信金	賣　　出	**********120,000		********480,000
5	108 07 16	中信金	買　　進		**********120,000	********600,000
6	108 08 02	中信金	買　　進		***********6,000	********606,000
7	108 08 08	中信金	買　　進		**********23,000	********629,000
8	108 11 06	中信金	餘額登摺			********629,000
9						
10						
11						
12						
13						
14						
15						
16						
17						
18						
19						
20						
21						
22						
23						
24						
25						
26						
27						
28						
29						
30						

1."Securities" unit is based on share for stocks and dollars for bonds.
2."Buying " will be credited when securities company completes settlement.
3."Securities deposit" will be credit when securities company completes delivery to TDCC

肥羊的證券存摺2

		證券名稱 Securities	摘要 Memo	提出數額 Withdrawal	存入數額 Deposit	餘額 Balance
1	承前頁				980124	☆☆☆☆☆55
2	107 05 14	中信金	賣　出	☆☆☆☆☆☆☆10,000		☆☆☆☆☆☆561,000
3	107 06 13	中信金乙特	買　進		☆☆☆☆☆☆☆4,000	☆☆☆☆☆☆20,094
4	107 07 10	中信金	買　進		☆☆☆☆☆☆60,000	☆☆☆☆☆☆621,000
5	107 07 10	中信金乙特	賣　出	☆☆☆☆☆☆20,094		☆☆☆☆☆☆☆☆0
6	107 07 11	中信金	買　進		☆☆☆☆☆☆☆3,000	☆☆☆☆☆☆624,000
7	107 07 13	中信金	餘額登摺			☆☆☆☆☆☆624,000
8	107 08 08	中信金	賣　出	☆☆☆☆☆☆20,000		☆☆☆☆☆☆604,000
9	107 08 13	中信金	買　進		☆☆☆☆☆☆49,000	☆☆☆☆☆☆653,000
10	107 08 31	中信金	餘額登摺			☆☆☆☆☆☆653,000
11	107 09 20	中信金	賣　出	☆☆☆☆☆☆20,000		☆☆☆☆☆☆633,000
12	107 09 27	中信金	賣　出	☆☆☆☆☆☆20,000		☆☆☆☆☆☆613,000
13	107 10 11	中信金	買　進		☆☆☆☆☆☆20,000	☆☆☆☆☆☆633,000
14	107 10 15	中信金	買　進		☆☆☆☆☆☆20,000	☆☆☆☆☆☆653,000
15	107 10 19	中信金	買　進		☆☆☆☆☆☆6,000	☆☆☆☆☆☆659,000
16	107 11 02	中信金	餘額登摺			☆☆☆☆☆☆659,000
17	107 12 21	中信金	餘額登摺			☆☆☆☆☆☆659,000
18	108 01 02	中信金	買　進		☆☆☆☆☆☆☆3,000	☆☆☆☆☆☆662,000
19	108 01 25	中信金	賣　出	☆☆☆☆☆☆10,000		☆☆☆☆☆☆652,000
20	108 03 19	中信金	賣　出	☆☆☆☆☆☆20,000		☆☆☆☆☆☆632,000
21	108 03 27	中信金	買　進		☆☆☆☆☆☆10,000	☆☆☆☆☆☆642,000
22	108 04 30	中信金	賣　出	☆☆☆☆☆☆10,000		☆☆☆☆☆☆632,000
23	108 05 02	中信金	賣　出	☆☆☆☆☆☆10,000		☆☆☆☆☆☆622,000
24	108 05 06	中信金丙特	現增配發		☆☆☆☆☆☆☆4,383	☆☆☆☆☆☆☆4,383
25	108 05 09	中信金	買　進		☆☆☆☆☆☆10,000	☆☆☆☆☆☆632,000
26	108 05 28	中信金	買　進		☆☆☆☆☆☆11,000	☆☆☆☆☆☆643,000
27	108 05 28	中信金丙特	賣　出	☆☆☆☆☆☆4,383		☆☆☆☆☆☆☆☆0
28	108 05 29	中信金	買　進		☆☆☆☆☆☆☆1,000	☆☆☆☆☆☆644,000
29	108 05 31	中信金	買　進		☆☆☆☆☆☆11,000	☆☆☆☆☆655,000
30	108 06 20	中信金	賣　出	☆☆☆☆☆☆10,000		☆☆☆☆☆☆645,000

1.「證券名稱」欄為股票時,其單位為股;為債券時,其單位為元。
2.本存摺所載「買進」之有價證券,應俟證券商完成交割結算手續後,始登載帳簿,辦理入帳。
3.本存摺所載「現券送存」之有價證券,應俟證券商送達臺灣證券集中保管結算所後,始登載帳簿,辦理入帳。

躺著賺1年400萬的肥羊養股術

9

	日期	證券名稱 Securities	摘要 Memo	提出數額 Withdrawal	存入數額 Deposit	餘額 Balance
1	承前頁					980124 55
2	108 07 12	中信金	賣出	********125,000		******520,000
3	108 07 16	中信金	買進		********125,000	******645,000
4	108 08 02	中信金	買進		********20,000	******685,000
5	108 08 08	中信金	買進		********25,000	******690,000
6	108 08 19	中信金	賣出	********10,000		******680,000
7	108 09 12	中信金	賣出	********10,000		******670,000
8	108 09 25	中信金	買進		********10,000	******680,000
9	108 10 16	中信金	賣出	********10,000		******670,000
10	108 11 04	中信金	賣出	********10,000		******660,000
11	108 11 06	中信金	餘額登摺			******660,000
12						
13						
14						
15						

16					
17					
18					
19					
20					
21					
22					
23					
24					
25					
26					
27					
28					
29					
30					

1. "Securities" unit is based on share for stocks and dollars for bonds.
2. "Buying" will be credited when securities company completes settlement.
3. "Securities deposit" will be credit when securities company completes delivery to TDCC.

Chapter 01

基本篇》選股、買賣策略 90% 投資問題全解惑

　　有鑑於太多人看不懂肥羊上一本書《完整公開交易紀錄的肥羊養股術》內容在寫什麼，同樣的問題老是不停地重複出現，因此本篇將從最基本中的基本，教導各位如何炒股票。

　　小蝶想買股票，她先去找 A 券商開證券戶，並在配合的 A 銀行開證券買賣交割銀行帳戶，她必須攜帶身分證正本、印章、第二證明文件（如駕照或健保卡）和銀行開戶所需的 1,000 元。除了開戶以外，小蝶還想辦理網路交易，但她很笨，不會下載行動應用程式，所以她必須把手機交給營業員，營業員會幫她完成下載。

在這個步驟要記得一件很重要的事情，如果你的營業員拒絕幫你下載行動應用程式，走出去外面，換一家證券商，沒必要跟態度惡劣的營業員打交道。

股票交易憑信用，每人交易金額上限不同

開完戶以後，小蝶當天就可以購買股票，即使小蝶身上沒帶買股票的錢。因為股票交易一切都是靠信用，第 2 天再匯錢進戶頭就好。如果你第 2 天忘記匯錢，營業員會打電話催你，這不是因為你被國家機器監視了，而是因為營業員可以透過電腦，直接看到你的銀行存款。

千萬要記得去匯錢，否則第 3 天早上 10 點過後，你購買的股票會直接被證券公司賣掉。這不叫侵犯個人隱私，這叫做信用破產（詳見註 1），你往後 5 年內都不能進行股票交易。

此外，小蝶如果以前曾經有去 B 銀行貸款，卻借錢不還

註 1：編按：也就是違約交割。

的紀錄的話，她就無法炒股票，因為 B 銀行的信用紀錄會直接轉交給 A 銀行，小蝶是逃不掉的。在這種情況下，小蝶必須先還完 B 銀行的欠款，才能炒股票。還好小蝶沒有蠢到跟銀行借錢不還，因此小蝶順利地完成開戶了。

開完戶以後小蝶就可以開始買賣股票。一般股票交易有分電話交易和網路交易，電話交易比較穩，而且全程錄音。這絕對不是為了政治迫害你才錄音，是為了避免以後有交易糾紛留作紀錄用的，不要太煩惱了。網路交易的優點是手續費便宜，但很多人會手殘按錯鍵，如果是自己按錯鍵，券商不會理睬你的手殘，請自行吃下損失。如果你和肥羊一樣有手抖的老毛病，建議你採取電話交易比較安全。

股票交易有金額上限，這要看個人的信用紀錄，每個人的上限都不同。本肥羊的單日交易上限是 2,500 萬元，一般人交易上限約為 250 萬元，新開戶的交易上限約為 50 萬元。交易上限會隨著不同的證券公司、個人財力，和以往的交易紀錄而有所調整。如果小蝶想要交易 2,000 萬元的股票，她必須拿出 2,000 萬元的財力證明給營業員看，也就是讓營業員看到價值 2,000 萬元的銀行存摺或現金。

　　如果小蝶拿價值 2,000 萬元的房地產文件，要去向 A 券商證明財力，恕不接受。她必須先拿 2,000 萬元的房地產向銀行進行抵押，借到 2,000 萬元的房屋貸款，再拿去向 A 券商證明財力，才能買賣 2,000 萬元的股票。不過小蝶沒那麼大的野心，她只掏出 200 萬元的銀行存摺，營業員就允許她炒 200 萬元的股票。

　　這邊肥羊要提醒大家，並不是所有的人都適合買股票，如果你有憂鬱症或精神疾病，你並不適合炒股；如果你是卡奴，你根本不可能炒股；如果你被生活逼上絕路，打算靠炒股做最後一搏，你也不適合炒股。並不是每個人都可以炒股，只有適合炒股的人，可以炒股。

　　那窮人可以炒股嗎？窮人不適合炒股，但窮人可以存股。只要挑一家大到不會倒的公司，買進它的股票，或者投資元大台灣 50（0050），每年買進 1 張，或四季各買進 1 張，也就是 1 年買 4 張。定期定額投資最適合窮人。

　　那忙碌的人可以炒股嗎？可以，只要買不用煩惱的大公司、0050，或者每年領現金股利的特別股，像是中信金丙

特（2891C）或中信金乙特（2891B），放著等領現金股利就可以了。

　　身為一名優秀的股票操盤手，你必須情緒穩定，否則你無法炒股。至於貧窮或忙碌，倒是不妨礙你的炒股之路。但想發大財的人，絕對不適合炒股。炒股不像賭博是純憑運氣，炒股是有經驗、有技巧的。

　　賭博和炒股，兩者之間有許多共通的道理和邏輯，兩者看起來很像，差距在於經驗和技巧。賭博20年的人沒有任何經驗和技巧，炒股20年的人有非常豐富的經驗和技巧。你可以靠運氣贏得一次賭博，但無法靠運氣贏得20年的股票獲利，除非你有經驗和技巧。如果就這些特點來看，小蝶算是個情緒穩定的女人，雖然有點公主病和多嘴，因此她適合炒股。

選股策略》符合 6 特質的標的才適合炒股

　　了解完適合炒股的個性以後，再來是挑選股票。我們希望能挑選「大到不會倒」「成立很久」的「傳統產業」，

且這家公司的「獲利穩定」「本益比低」「現金股利高」。

稍微說明上面提到的 6 個字詞：

1. **大到不會倒**：指這家公司的規模太大了，一旦倒下去，整個台灣會跟著沉，所以政府一定得救這家公司。這就是所謂大到不會倒。

2. **成立很久**：因為肥羊是一個守舊的人，我希望公司成立的歷史愈久愈好。老公司絕對比新公司好，這是我個人的偏執妄想，不解釋。

3. **傳統產業**：指非電子業以外的所有產業，本肥羊不喜歡太尖端的科技和產業。

4. **獲利穩定**：指公司每年獲利都差不多，不會突然大賺或大賠，只有獲利穩定才能順利估算出公司的未來。

5. **本益比低**：本益比的公式是「公司股價／每股稅後盈餘（EPS）」，是用來估算目前股價是貴還是便宜。本益比

愈高，表示這家公司被吹捧得愈厲害，股價跌下來，一堆人會死得很慘；本益比愈低，表示這家公司很少人吹捧，股價跌下來，我們的損失會比較輕微。

6. 現金股利高：現金股利是指公司每年發多少鈔票給你。現金股利高，就算炒股被套牢時，也只需要領現金股利就能回本，不用擔心；現金股利太低，你萬一套牢時，很難回本。

下面我實際操作一次如何選股給大家看：

步驟 1》從 0050 挑股票

為了避免浪費時間研究財報，小蝶直接從元大投信推出的元大台灣卓越 50 證券投資信託基金（簡稱元大台灣 50，股號 0050）裡面抓股票出來。

當然你要自己從 1,000 多家公司抓財報出來研究也行啦，個人自由無法干涉。畢竟你時間多到可以看完 1,000 多家財報，本肥羊看完 50 家財報就快趴了。應該說，連 50 家財報都還沒看，就先累趴了，這也是本書書名《躺著

賺 1 年 400 萬的肥羊養股術》中「躺著賺」的由來。若你有研究過 0050，你就會知道這些成分股很少改變，符合我們長期投資的要求。從 0050 可以抓出以下 50 檔股票：

台泥（1101）、亞泥（1102）、統一（1216）、台塑（1301）、南亞（1303）、台化（1326）、遠東新（1402）、中鋼（2002）、正新（2105）、和泰車（2207）、光寶科（2301）、聯電（2303）、台達電（2308）、鴻海（2317）、國巨（2327）、台積電（2330）、華碩（2357）、廣達（2382）、研華（2395）、南亞科（2408）、中華電（2412）、聯發科（2454）、可成（2474）、台灣高鐵（2633）、彰銀（2801）、中壽（2823）、華南金（2880）、富邦金（2881）、國泰金（2882）、開發金（2883）、玉山金（2884）、元大金（2885）、兆豐金（2886）、台新金（2887）、新光金（2888）、永豐金（2890）、中信金（2891）、第一金（2892）、統一超（2912）、大立光（3008）、台灣大（3045）、日月光投控（3711）、遠傳（4904）、和碩（4938）、中租-KY（5871）、上海商銀（5876）、合庫金（5880）、台塑化（6505）、寶成（9904）、豐

泰（9910）（詳見註2）。

步驟 2》去除電子股和高科技股

由於電子股和高科技股的獲利太不穩定，直接將之淘汰。
留下：

台泥、亞泥、統一、台塑、南亞、台化、遠東新、中鋼、
正新、和泰車、中華電、台灣高鐵、彰銀、中壽、華南金、
富邦金、國泰金、開發金、玉山金、元大金、兆豐金、台
新金、新光金、永豐金、中信金、第一金、統一超、台灣大、
遠傳、中租-KY、上海商銀、合庫金、台塑化、寶成、豐泰。

步驟 3》淘汰上市時間短、獲利不穩、稅後盈餘大幅衰退、本益比高、股息少的公司

淘汰「上市不到 5 年」「5 年內出現虧損或幾乎虧損」「今
年稅後盈餘大幅衰退超過 20%」「本益比大於 15 倍」和
「去年現金股利低於每股稅後盈餘 50%」的公司。

新上市不到 5 年的公司，沒有過往歷史參考，直接淘汰。
稅後盈餘是指公司在被政府課完稅後，實際上賺了多少錢，

如果是虧損的爛公司就別提了，今年稅後盈餘大幅衰退超過 20% 的公司，感覺很危險。此外，我不喜歡本益比過高的公司，感覺難以回本。現金股利太低，證明公司很小氣，不值得長期投資。淘汰後，留下：

台泥、亞泥、元大金、兆豐金、中信金。

步驟 4》增加因災難而受打擊的股票

好公司遇到壞消息是買進的好時機，像富邦金和國泰金，這兩家受到國際會計準則理事會（IASB）宣布的 IFRS 17 號公報打擊，股價表現很差勁。加入富邦金、國泰金後，變成：

富邦金、國泰金、台泥、亞泥、元大金、兆豐金、中信金。

步驟 5》將留下的股票進行比較

將股票挑選出來以後，本肥羊會再針對這些股票的本益

註 2：編按：取自 2019 年 12 月成分股，0050 成分股變動雖不大，但仍會定期微幅調整。

比、稅後盈餘、可購買價格、建議投入金額等做比較。下面將幾個比較重要的概念說明一下：

1. 本益比、稅後盈餘

我將本益比分成 4 種評價：SSS、SS、S 和 A。本益比愈低，評價愈高（詳見表 1）。但只有股票的本益比在 15 倍以下時，我才會去評價。當股票本益比達 15.01 倍以上，因為股價太貴了，這時候要先觀望，不宜投入。

除了本益比之外，還需要參考稅後盈餘。公司稅後盈餘比去年增加視為「＋」，比去年減少視為「－」，標記在評價後方。

要注意的是，此處「評價」是指本肥羊對這家公司的評價，不是外面股市名師對這檔股票的評價。本肥羊流派的一切思考邏輯，和外面世界不同，請注意。

2. 可購買價格

舉例來說，「中信金股價 25 元以內可以購買」是指本肥羊認為只要中信金股價在 25 元以內，所有人都可以購買。

表1 本益比愈低，股票評價愈高
——股票評價的分類

本益比（倍）	評價	建議
8.00以下	SSS	投入總資金的100%
8.01～10.00	SS	投入總資金的50%
10.01～12.00	S	投入總資金的30%
12.01～15.00	A	投入總資金的10%
15.01以上	無	先觀望，不宜投入

不過這邊要注意的是，可以購買意味著會賠錢，也就是說你可以在 24.1 元時購買中信金，本肥羊認為 24.1 元購買中信金沒有任何問題，但 24.1 元買中信金可能會賠錢。也就是你 24.1 元可以購買中信金，來讓自己炒股賠錢。

本肥羊的思考邏輯很奇特，你最好習慣一下。至於幾元買中信金不會賠錢呢？你應該去問媽祖，不是問我。

3.建議投入資金

「建議投入資金」是指肥羊建議你拿「總家產」的多少百分比去炒股。小蝶的總資產大約在 200 多萬元，但小蝶

只想投入 50 萬元資金在股市。此時，「建議買進中信金
30%」是指肥羊建議小蝶拿 60 萬元（＝ 200 萬 ×30%）
炒中信金，不是拿 15 萬元（＝ 50 萬 ×30%）炒中信金。
肥羊流派建議的資金調度規模都很大，跟外面那些炒 5 萬
元～ 10 萬元的短線投機，水準不同。

將選股步驟 5 最後留下的股票進行比較後，目前（2019
年 11 月 21 日）看來，台泥的評價最高，達 SS ＋（詳見
表 2）。如果此時你手中沒有任何股票，可以考慮買進；
如果手中已經有股票的話，是否要買進就需要做進一步的
評估。

那本肥羊是否會把手中原本持有的中信金賣掉，轉進台
泥呢？答案是不可能，選股票的標準和賣股票的標準不一
樣，沒必要賣掉中信金轉進台泥。

就如同娶老婆的標準和離婚的標準不同，你可以用美貌
來挑選老婆，但你不能因為醜陋就和老婆離婚。離婚必須
謹慎，賣股票也必須謹慎。當然，你想賣掉中信金換成台
泥，本肥羊也沒有任何意見，那畢竟是你的家務事，就如

表2 0050成分股中，目前台泥評價最高
──肥羊派股票評價

股票（股號）	股價（元）	2018年EPS（元）	本益比（倍）	評價	可購買價格（元）	建議投入資金
台　泥（1101）	42.35	4.37	9.69	SS+	55以內	50%
富邦金（2881）	45.05	4.52	9.97	SS-	50以內	50%
中信金（2891）	22.00	1.85	11.89	S+	25以內	30%
國泰金（2882）	42.05	3.95	10.65	S-	45以內	30%
亞　泥（1102）	46.15	3.54	13.04	A+	50以內	10%
元大金（2885）	19.75	1.59	12.42	A-	22以內	10%
兆豐金（2886）	30.35	2.07	14.66	A-	32以內	10%

註：1.本表製作於 2019 年 11 月 21 日，別問我小蝶為何可以於 2018 年 10 月 11 日，預知 1 年後的事情？本肥羊不解釋；2.2019 年前 3 季稅後盈餘若是比去年成長則在評價後方用「＋」表示，若是比去年衰退則用「－」表示

同我無法阻止你，因為老婆變胖就離婚一樣。而且本肥羊手上的中信金持股水準占總資金的 95% 以上，比率太高了，也沒有必要把剩餘的資金拿去買台泥。

肥羊在去年（2018 年）推薦的第一金（本益比 16.28 倍）和台塑四寶（台塑（1301）2019 年前 3 季稅後盈餘比去年衰退 27.6%；南亞（1303）2019 年前 3 季

稅後盈餘比去年衰退 60.9%；台化（1326）2019 年前 3 季稅後盈餘比去年衰退 42.6%，以及台塑化（6505）2019 年前 3 季稅後盈餘比去年衰退 53.8%），這次都沒有上榜。如果你買到這 5 家公司，第一金放著領現金股利很不錯，台塑四寶就慢慢領現金股利到解套為止，炒股本來就沒有穩賺的。

今年（2019 年）肥羊推薦的富邦金和國泰金，都屬於災難搶進的投機股，適合短線投機。至於想長期投資富邦金和國泰金，這兩家公司在現金股利上都很薄弱，不適合長期投資。

買進策略》依肥羊派波浪理論、虧損理論操作

小蝶在 2019 年 11 月 21 日分析完財報後，在 2018 年 10 月 11 日買進中信金 21.15 元，100 張，投入資金 211 萬 5,000 元。2018 年 10 月 11 日正好是肥羊系列第 1 本書《完整公開交易紀錄的肥羊養股術》出版的日子，別問我小蝶如何進行時空跳躍？本肥羊不解釋。小蝶運氣很好，一路買一路跌，正符合肥羊流派，買股票就是為了

躺著賺 1 億 400 萬的肥羊養股術

賠錢的自殺做法。

　　關心小蝶的母親，一直勸小蝶：「把股票賣了，等跌到低點再買回來。媽媽是關心你，不可能會陷害你的。」但小蝶這個人非常偏執，她認為媽媽是存心陷害她，因此拒絕媽媽的善心建議，還加碼買進中信金。

　　通往地獄的道路是由善意所鋪成（The road to hell is paved with good intentions），跟隨眾人太過容易，但這只會導致更大的罪惡。

　　在這個時間點，小蝶投入了 90% 左右的資金買進中信金，而我們的中信金建議投入資金是 30%，小蝶這樣的做法算錯誤嗎？其實不算錯誤，只要投入資金不超過 100%，也就是只要不借錢來炒股，都是對的。無論小蝶是買 1 張中信金或 100 張中信金，都符合肥羊流派的做法。

　　如果小蝶不買中信金，改買兆豐金也行。根據肥羊派理論，小蝶必須在股市投入 1% ～ 100% 的資金。如果小蝶投入的資金是 0% 或 101%，這都是違反肥羊的教導，必

須予以訓斥，甚至逐出流派。

小蝶在 2018 年 10 月 11 日以 21.15 元買進中信金 100 張，花費 211 萬 5,000 元（不含交易成本，以下皆同）後，她選擇依標準型肥羊派波浪理論和虧損理論操作。

根據標準型肥羊派波浪理論：「股價每漲 5%，賣 5% 股票數量；股價每跌 5%，買 5% 股票數量。」21.15 元的 5%，大約就是 1 元，因此小蝶以 1 元為價差進行操作，此時操作區間介於「23.15 元、22.15 元、21.15 元、20.15 元、19.15 元」之間。

根據虧損理論：「凡是成本價虧損超過 10%，每個月額外購買 5% 股票。」21.15 元虧損 10%，就是 19 元（＝21.15×（1－10%）），因此凡是股票市價低於 19 元時，小蝶就必須每個月額外購買 5 張（＝100×5%）股票。

由於 2018 年 10 月 11 日到 2019 年 11 月 21 日之間，中信金股價從未低於 19 元，因此小蝶沒機會依據虧損理論買股票。

表3 若持有20張股票，股價漲5%即賣掉1張
——標準型肥羊派波浪理論

假設小蝶在2018年10月11日以21.15元的價格買進中信金100張以後，運用標準型肥羊派波浪理論進行操作：

時間	買／賣張數	股價（元）	花費／收回金額（元）
2018.10.26	買進5張	19.90	花費9萬9,500
2018.11.08	賣出5張	21.20	收回10萬6,000
2018.12.10	買進5張	20.00	花費10萬
2019.04.30	賣出5張	22.15	收回10萬5,750
2019.07.15	除息日，現有股票100張，配發現金股利1元，獲得現金股利10萬元，成本調整為20.15元（＝21.15－1），所有買賣進出點，往下調整1元		
2019.09.18	賣出5張	21.30	收回10萬6,500
2019.11.13	賣出5張	22.25	收回11萬1,250

註：花費／收回金額不含交易成本

　　依據兩大理論的操作手法，小蝶將會依據表 3 的時間點買賣股票。就結果來看：

　　1.小蝶總共買進中信金110張，買進金額231萬4,500元（＝211萬5,000＋9萬9,500＋10萬）。

　　2.小蝶總共賣出中信金20張，賣出金額42萬9,500

元（＝ 10 萬 6,000 ＋ 10 萬 5,750 ＋ 10 萬 6,500 ＋ 11 萬 1,250）。

3. 小蝶於 2019 年 7 月 15 日獲得現金股利 10 萬元。

最後剩下中信金 90 張，花費金額 178 萬 5,000 元（＝ 231 萬 4,500 － 42 萬 9,500 － 10 萬）。平均每股持有成本為 19.83 元（＝ 178 萬 5,000÷90÷1,000）。

以 2019 年 11 月 21 日市價 22 元計算，價差 2.17 元（＝ 22 － 19.83），獲利 19 萬 5,300 元（＝ 2.17×90×1,000）。

小蝶只是個大菜鳥而已，在最糟糕的時機點加入股市，然後賺了 19 萬 5,300 元。這說明了什麼？炒股要有信心啊。沒信心怎麼炒股？不相信肥羊怎麼炒股？

很多人問我：「既然跟著肥羊炒股這麼好賺，肥羊為何到處跟人說炒股會賠錢？」因為怕你賠錢來糾纏我啊。我賣你一本書賺那麼少的稿費，根本是廉價寫書工。為啥要

躺著賺\400 萬的肥羊養股術

讓你糾纏？我收你訂閱費了嗎？我收你進階課程費了嗎？
近乎免費的教導，還要讓粉絲糾纏，當本肥羊是白痴嗎？

再來，我們談談標準型肥羊派波浪理論的優點。小蝶原
來的成本是每股 21.15 元，如果單純搞存股的話，成本在
除息後，會降至每股 20.15 元。

小蝶因為搞標準型肥羊派波浪理論的關係，成本降低至
每股 19.83 元。比起一般的存股，標準型肥羊派波浪理論
讓每股成本足足降低了 0.32 元（＝ 20.15 － 19.83）。

0.32 元聽起來不多，但這只是 1 年的操作而已，10 年
操作下來，應該可以降低 3.2 元（＝ 0.32×10）。也就
是說，標準型肥羊派波浪理論可以讓你的成本，硬是壓得
比存股族還低。成本低，我們利潤就比別人高，投資風險
也比別人低。所以本肥羊不太會在乎一開始買進的價位多
少，反正買進的價位不理想，用後面的操作來彌補就好，
實在沒必要管那差沒幾元的買進價格。

再來就是扯到作帳的問題，有 3 種做法：

1. 直接說獲利 19 萬 5,300 元，這樣講當然自己會很爽，可是萬一 2020 年中信金股價下跌，就會出現虧損。

2. 直接說獲利 0 元（因為剩下的股票還未賣出，僅為帳面獲利），這樣講自己會不太爽，但賺錢是實實在在的。

3. 在每股平均成本與市價有 10% 以上的差距時，將現金股利直接打入獲利。以小蝶來講，每股平均成本是 19.83 元，目前（2019 年 11 月 21 日）中信金的市價 22 元，是每股平均成本的 110.9%（＝ 22÷19.83×100%）。由於兩者之間有 10% 以上的差距，因此小蝶可以將現金股利 10 萬元直接打入獲利。

我們可以注意到，在將現金股利 10 萬元打入獲利之後，成本瞬間墊高（詳見表 4）。花費從 178 萬 5,000 元提升至 188 萬 5,000 元，每股平均成本從 19.83 元，變成 20.94 元。

我認為只有這樣做才能避免重複計算獲利，否則小蝶每年都誇口說她炒股賺 19 萬 5,300 元，喊了 10 年後，不

表4 現金股利打入獲利後，平均成本增加
——作帳原則

項目		股票張數（張）	金額（元）
原有		0	0
總共買進		110	231萬4,500
賣出		20	42萬9,500
股票股利／現金股利		0	10萬
現金股利 不算入獲利	總額	90	178萬5,000
	每股平均成本 （元）		19.83 （＝178萬5,000÷90÷1,000）
現金股利 打入獲利	總額	90	188萬5,000
	每股平均成本 （元）		20.94 （＝188萬5,000÷90÷1,000）
	盈虧（元）		10萬

註：1. 此表為小蝶 2018.10.11 ～ 2019.11.21 操作中信金紀錄；2. 現金股利不算入獲利的話，每股平均成本 19.83 元，與 2019 年 11 月 21 日中信金市價 22 元相差 10% 以上，依照肥羊的邏輯，可將現金股利打入獲利

知道的人還以為她炒股總共賺了 195 萬 3,000 元，其實只有賺 19 萬 5,300 元而已。只要把現金股利打入獲利，就立刻拉高成本，這樣才能避免重複計算獲利的情況。

　　這邊肥羊要提醒你的是，只有在每股平均成本與市價有

10% 以上的差距時，才可以將現金股利直接打入獲利。如果明年小蝶中信金的每股平均成本是 19.94 元（將每股平均成本 20.94 元－預估現金股利 1 元），如果當時市價是 21.25 元，則此時的市價是每股平均成本 106.6%（＝21.25÷19.94×100%），兩者之間相距不到 10%，就不能再將現金股利打入獲利，而應該將獲利設為 0。若小蝶炒股賠錢，就直接將獲利設為 0，等領現金股利到回本為止。

如果這樣教導，你還是不會算帳的話，可以使用電腦算帳，或者市面上很多券商都有提供免費的算帳軟體可以用。

賣出策略》全年虧損也不需賣股，持續觀察即可

再來是賣中信金的問題。小蝶在炒股期間，聽到了很多中信金的利空，像是董監事持股不足、2019 年 6 月營收與 2018 年相比衰退 56%、現金股利低落，只有配發 1 元等，大家都說中信金要倒了。

請問這些是賣掉中信金的條件嗎？都不是，只有在中信

金出現大規模虧損時，才需要賣掉中信金。

假設小蝶當時買的不是中信金，而是國泰金，那麼國泰金在 2018 年第 4 季出現虧損，需要賣掉國泰金嗎？也不用，因為只有第 4 季虧損而已，不是全年虧損。

假設小蝶當時買的國泰金和中信金一整年都出現虧損，這樣要賣嗎？也不用，要先看看富邦金、玉山金、兆豐金和第一金，是不是也出現虧損。如果大家都虧損，就不需要賣，如果只有國泰金或中信金虧損，才需要考慮賣，但也只是考慮而已，並不是立刻要賣。這裡我們注意到中信金和國泰金，同時出現虧損，所以不需要賣股票。

永遠不要在一次的大利空就賣掉股票，你必須思考 3 個月、1 年，甚至 2 年才賣掉股票。永遠不要因為一次的吵架就離婚，你必須仔細思考這段婚姻是否真的無法維持，才離婚。

如果你真的對中信金的未來很有疑惑，你真的不敢在低點買進，你可以不要買中信金，沒關係，放著存股就好。

但絕對不要在所有人都很悲觀的時候，賣掉股票。賣股票是因為公司真的很爛，而不是因為大家都看衰你的股票，或者你心情很差。以上就是小蝶身為一個大菜鳥，如何遵照肥羊兵法的指示，炒股賺到錢的具體做法。

我知道對很多人來講，看完一整本書很困難，因此我將所有的重點全部放在這一章裡面。如果你在炒股的路上有所疑惑，翻翻這篇文章，90% 以上的問題都可以在這裡找到解答，剩下的 10% 再翻後面的章節。

要提醒你一件事情，這本書只能找到肥羊兵法的解答而已。如果你去外面學什麼短線投機的做法，或者長期投資的原則，本書是找不到這些答案的。誰提出來的理論，去找誰解答，不要問我，本肥羊的學問沒有好到可以貫通世間一切的股票理論。

如果你不會炒股沒關係，乖乖聽話照做就行了。這世上最難教育的學生，不是愚蠢的學生，而是不聽話的學生。子路之所以戰死，並不是因為子路笨，而是因為子路不聽孔子的話。

工作篇》在財富自由前
先建立正確工作觀念

　　肥羊從小生活在北方高原的第 4 號牧場，這裡雖然稱不上生活富裕，但也算是吃喝不愁，牧場裡還有溫柔的狼族媽媽照顧，肥羊一直過著幸福快樂的童年。

　　直到有一天，肥羊迷路，不小心闖進了嚴密封鎖的區域，在那裡發現了幾具被啃咬過的羊族屍體，和散落各處的無數羊骨頭，肥羊瞬間明白了一切事情。從那之後，肥羊主動幫助狼族媽媽照顧羊群，打點第 4 號牧場的一切事務。狼族媽媽退休前，推舉肥羊成為「飼育員」。

　　在肥羊的不斷努力之下，第 4 號牧場成為北方高原最具

生產力的牧場，無論品質或是數量，都是狼族第一。如果有羊群想逃離第 4 號牧場，肥羊會親自把牠們抓回來。肥羊的口頭禪是：「就這樣幸福快樂地生活著，直到最後之日來臨為止，到底有什麼不好的？」

肥羊認真工作的態度，贏得了所有狼族的一致讚賞，獲贈為「榮譽狼族」，牠的 2 個小孩也被直接推薦為飼育員。在達到生涯的最高峰時，肥羊帶著 2 個小孩（大羊和小羊）和 1 萬 3,000 多隻羊逃離第 4 號牧場。

其實肥羊一直很想逃離第 4 號牧場，但牠不會幹直接逃走這種愚蠢的事情。因為逃離第 4 號牧場不難，問題是逃離後要往哪裡去？北方高原如此遼闊，到底要逃到哪一邊才會安全？這是個很現實的問題。因此肥羊需要情報，而誰能夠提供情報呢？就是狼族。必須跟狼族打好關係，才能逃離第 4 號牧場。

●━◆━●━◆━●━◆━●━◆━●━◆━●━◆━●━◆━●

「要愛你的敵人，如果你當真想除掉這名敵人的話。」沒有人會喜歡自己的工作，我一畢業就是急診醫師，整整

當了 13 年的急診醫師。很多人常問我：「為何選擇當急診醫師呢？」其實真正的原因是，我成績很爛，根本沒得選擇。所以不是我選擇當急診醫師，而是我沒得選擇，只能當急診醫師。

我真的非常痛恨急診醫師的工作環境，連續 72 小時值班，這是人過的生活嗎？我老婆生小孩時，我必須值班，沒有陪老婆生產。我孩子讀國小時，不知道自己的老爸是誰，因為我沒時間回家看小孩。這算什麼光鮮亮麗的醫師生活？根本就是美國過去的黑奴或清朝末年的中國豬仔。

真難以相信，我從小努力讀書、考試，就是為了過這種奴隸生活。我沒有一天不想辭職，但這不是明智的做法。第一，我的財力不足，所以我必須努力工作，累積足夠的財力才行。第二，我除了當醫師以外，什麼都不會，我需要第二專長。因此我畢業領到薪水時，第一件事情就是炒股票。

在經過無數次計算，認為無論怎樣生活都不會出問題時，我從前一份工作辭職了。然而即使是我在辭職以後，我還

躺著賺一年 400 萬的肥羊養股術

是去診所上班,就算我現在家產約 3,000 萬元左右,我依舊還是在上班。我認為財務自由是一回事,工作賺錢是另一回事。財務自由不代表你應該辭職退休回家躺著,出來工作可以找人聊天,又可以領錢,何樂而不為呢?

踏實工作,才有足夠資金炒股

　我不知道各位為什麼想學炒股?但如果你是為了辭職才學習炒股,我勸你放棄算了。即使是炒股到我這種 3,000 萬元的規模,我也沒把握炒股能夠賺得比當醫師多。即使我炒股的獲利足以供應生活開銷,我也從沒想過辭職。原因很簡單,炒股不是每年都能賺錢,工作卻是每年都能穩穩賺到錢。在股市崩盤或大跌的時候,我需要工作來提供資金炒股。

　即使是在平時,工作賺來的錢也占我總收入的一半。辭職等於我的總收入減半,譬如年薪 200 萬元和年薪 100 萬元,這水準差異可是非常大。因此我不打算辭職,除非我的股票年收入能破千萬元,否則辭掉診所醫師,太過愚蠢了。

不要去仇視你的工作，而要去接受你的工作。工作是這世界上，唯一能為你帶來金錢的事情。批評政府無能賺不到錢，幹譙老闆混帳只會害你被開除。無論你有多討厭自己的工作，在你找到更好的工作前，請認真工作下去。如果你無論如何都無法接受你的工作，請辭職；如果你不敢辭職，請接受你的工作。

　　不要怕別人說你是老闆的走狗，因為你本來就是老闆的走狗。狗必須對給自己食物的主人搖尾巴，你也必須為付錢給自己的老闆認真工作，這是做人最基本的道理。如果肥羊到了 45 歲還在工作，就表示你至少得工作到 45 歲，除非你賺得比本肥羊更多。閉上嘴巴，停止抱怨，認真工作，請不要讓自己成為職場上的廢人。

　　肥羊在當住院醫師時，常會聽到主治醫師幹譙主任。千萬別去附和主治醫師，否則你會被主任列入黑名單；也別去反駁主治醫師，否則你會被主治醫師列入黑名單。如果主治醫師詢問你的意見時，就講些無關痛癢的話，比如：「我覺得這樣做是不太妥當。」「這樣處理真的有點問題。」講這種不知是批評還是贊成的話，這就是職場的生存之道。

　　主任動不了主治醫師，主治醫師也動不了主任，因此他們兩人會公開互嗆。但你呢？一個小小的住院醫師，連護士都有能力動你，千萬不要跳下去惹麻煩。記住一件事情：你在職場說的每一句話，都會被別人完整錄音下來，傳送給當事人知道。所以上班時要閉緊你的嘴巴，別人沒問你時不要說話，沉默是金。

　　你今天上班是來賺錢的，不是來找人「畫虎爛」交朋友。有什麼話想講，找跟工作無關的人講，任何一個跟工作有關係的人，都會跑去告密，永遠別信任你的同事。派系鬥爭時永遠要保持中立，不要去加入任何一派，你是來上班的，不是來搞內鬥的。盡可能不要去得罪人，很多同事講話很衝，擺明了就是來鬧事的。別理他，當作沒看到就好，反正他也不敢打你。如果他真的敢打你，海扁他。我們是不想惹事，不代表我們怕事。

　　我聽說很多女人為了要順利升官，會隨便長官性騷擾。我是建議如果你當真要這麼做的話，不如去當酒家女，錢還賺得比較多，做人沒有必要如此下賤。不要試著去拍長官馬屁，因為你根本不會拍馬屁。我們不去巴結長官，長

官要不要提拔我們，是他家的事。如果比你晚進公司的人爬得比你高，恭喜他，不要去心懷怨恨。我們是來工作的，不是來搞勾心鬥角，別在職場上製造無意義的敵人。

　　小蝶在罷工期間，作為工會代表，努力地與老闆溝通，希望老闆能夠聽進去基層的意見。所有的同事也都非常挺小蝶，還揚言小蝶如果因為罷工而被開除，大家絕對會一起罷工支持小蝶。當罷工結束之後，主管拿著一段錄音放給小蝶聽，裡面是小蝶開玩笑地說：「要刺破不肯罷工同事的輪胎。」

　　主管：這是小蝶你說的話，沒錯吧？

　　小蝶：這只是開玩笑而已，我從沒刺破過誰的輪胎。

　　主管：所以小蝶你承認自己說過這些話。開除，去找人事室結算吧。

　　小蝶：你不能因為我支持罷工，就找藉口開除我，這是秋後算帳。

主管：現在是夏天，公司可沒耐心等到秋天，再跟你算帳。你當初敢罷工玩公司，現在還會怕公司玩你嗎？

小蝶：你這違反《勞資爭議處理法》，我可以上法院告你。

主管：去告啊，反正打官司的是法律部門，與我何關？

小蝶跑去找那些一起罷工的同事幫忙，希望他們再發動第 2 次罷工，然而沒有人願意理睬小蝶。還有人說：「你是因為想刺破輪胎才會被開除，又不是因為罷工而被開除，我們為何要發動第 2 次罷工？」小蝶只能哭泣著離開公司，以往一起談天說地的好同事，如今根本和陌生人沒兩樣。

棒打出頭羊，你不要試著去向主管爭取權利，至少不要帶頭去爭取，想辦法拱別人去爭取權利。很多年輕人性格熱血、敢講話，你就煽動他們，讓他們去跟老闆溝通，自己躲在後面就好。你今天講義氣替同事出來講話，明天同事會出面幫你講話嗎？不會，他們只會躲在後面看戲而已。

人不要犯蠢，同事關係不過是膚淺的利益關係而已。只

有當你們利益一致時，你們才會是好朋友，當雙方利益不一致時，你們就是敵人。永遠不要忘了，主管為何會有小蝶的錄音帶？就是小蝶的「好朋友」跑去告密。永遠別信任一等親和配偶以外的任何人，當然也不能太相信一等親和配偶。

Chapter 2 工作篇之所以放在 Chapter 1 基本篇後面，是因為我發現炒股之人，思想都嚴重偏差。可能是因為許多股市名師都鼓吹財務自由，40 歲退休，環遊全世界。導致每個人都認為炒股能躺著賺到錢。炒股確實能躺著賺到錢，沒錯。「我可以，但你不行，因為你實力不夠。」那些鼓吹財務自由且真正退休的股市名師，你算過他們財產多少嗎？大約都在 3,000 萬元左右。你有 3,000 萬元嗎？

我知道有些 30 歲的股市名師，家產只有 1,000 萬元，也宣稱他財務自由了。你可以去研究一下，這些 30 歲就財務自由的年輕股市名師，根本沒結婚。這種一人飽全家飽，一人死全家滅的年輕人，當然很容易財務自由啊。但你不是，你結婚了，你有小孩要撫養，有老人要照顧。你拿著 500 萬元的本金，說要財務自由，我只能說這些錢，

拿來給老人住安養院都不夠。

　　也許鼓吹夢想可以獲得眾多粉絲的支持，畢竟人們喜歡聽夢話，而不是實話。所謂吹著笛子，帶老鼠集體跳河，可以解決村莊的鼠患問題。但吹著笛子，也可以帶著全村的小孩一起跳河，到時會鬧出很嚴重的人命問題。

　　夢想是給你放在心中的，不是給你拿出來追逐的。你可以望向海洋，但你必須先站在陸地上。本肥羊的使命，就是敲醒那群被魔笛催眠、盲目前進的無知大人。

　　我希望大家可以睜開眼，看清楚外面的世界——你一定要先努力工作，才有可能財務自由。炒股無法讓你財務自由，炒股只能幫助你增加一些收入而已。即使是本肥羊，也花了 20 年（2000 年～ 2019 年）炒股，才達到財務自由。任何意圖在 45 歲前財務自由的人，都是在做白日夢。你當然可以繼續閉上雙眼，聽著魔笛的聲音，繼續往河裡跳。反正淹死的人是你，與我何干？

　　最後分享一個小故事：一個年輕阿兵哥被送進急診室，

護士一量體溫 38.7°C。阿兵哥:「我明天就要退伍了,這樣一直發燒怎麼辦?」肥羊:「我 39.6°C 都可以值班看急診病人了,你 38.7°C 當然可以退伍啊。等等打完退燒針,就回部隊去準備退伍吧。」

　　永遠不要覺得你的工作很辛苦,人生過得很悲慘,你還差得非常遙遠。從今天起努力上班,好好工作下去吧。

Chapter **03**

家庭篇》不依靠父母或子女
扛起自身家庭財務責任

肥羊帶領著 1 萬 3,000 多隻羊，一路往南奔跑，雖然有些狼族部隊試圖阻擋，但是都被龐大數量的羊群給踩過去了。

羊群最後抵達一條河流，河裡面滿是游來游去的鱷魚，岸邊還有許多鱷魚，邊曬太陽，邊瞪著羊群，口水都快流出來了。羊群從未見過如此凶猛的龐然大物，嚇到不敢渡河。前有鱷魚擋路，後有狼族大軍正在集結。許多羊忍不住悲傷，開始哭泣起來，甚至有羊隻癱軟在地，準備向狼群投降。

肥羊：「我們現在每後退一步，就會踩到同伴的屍骨；每回頭一次，就會聽到羊群臨死前的哀嚎。你要我們如何

躺著賺\400 萬的肥羊養股術

後退？如何回頭？如何向狼群投降呢？」肥羊背著兒子小羊，牽著兒子大羊，就往鱷魚河跳下去。其他羊群見狀，也紛紛跳下河，鱷魚朝著羊群游過來。當一隻羊被鱷魚咬走時，大家想到的不是救回那隻羊，而是趁機趕快游走。

就在肥羊快要抵達岸邊，腳都可以踩到河床時，一條鱷魚迅速地朝肥羊游過來。眼見避無可避，肥羊把大羊抓起來，往鱷魚的嘴裡塞下去，鱷魚開心地跳起死亡旋轉舞蹈，肥羊也順利地登陸上岸。此時，成功渡河的羊群只剩下5,000多隻。數百隻羊死於鱷魚嘴裡，7,000多隻的羊站在岸邊發呆，不敢渡河，被隨後集結而來的狼族大軍，帶回了第 4 號牧場。

如果不犧牲自己的兒子大羊，肥羊能夠順利渡河嗎？肯定是會全家死於鱷魚之嘴。就算大羊能活著渡過鱷魚河，也沒有辦法在南方大地生存下去，最後還是全家滅亡。

如果要讓全家人活下來，當初就不應該逃離第 4 號牧場。肥羊是榮譽狼族，2 個兒子是飼育員，這已經保證了肥羊一家的生命安全。但既然肥羊決定逃離第 4 號牧場，那麼肥

羊就沒有後路可退，牠必須渡過鱷魚河，即使這樣做必須犧牲掉自己的兒子。

●→•←●→•←●→•←●→•←●→•←●→•←●→•←●→•←●

　　賺錢是一條無法回頭的修羅之道，當你決定要賺大錢時，就已經注定你的雙手必須沾滿家人的鮮血。做任何事情都是必須有所犧牲的，我問過許多想賺大錢的人，他們可以為了賺錢犧牲多少？他們統統都說不出來。還有人說：「賺大錢不就是想過好日子嗎？怎麼會有犧牲呢？」這些人都太天真了，這世上沒有不流血的革命，沒有不付出犧牲的成功。在你拒絕犧牲時，你就已經拒絕成功了。

　　很多人都覺得我不要做選擇就好，我承擔不起這種道德上的壓力。其實在你拒絕做選擇時，你就已經做出選擇了。就如同肥羊在渡河時，如果拒絕犧牲兒子大羊，就等於選擇全家滅亡。你不可能照顧到所有家人的利益，你必須犧牲一個家人，否則你會被這些家人拖累到一生窮困潦倒。

　　你貧窮並不是命運造成的，而是你自己錯誤的選擇所造成的。這世間的一切不利情況，都是由於你的軟弱無能所

造成。由於你的無能，才會賺不到很多錢；由於你的軟弱，不敢犧牲自己的家人，才會造成你今天如此窮困。你就是一切罪惡的元凶。

小蝶被公司開除後，回到家裡。

母親：你爸爸得了癌症，需要做標靶治療，1個月要花7萬元。

小蝶：花 7 萬元就能醫好癌症嗎？我看那個醫師是在騙錢吧。

母親：不醫治，難道要讓你爸直接死嗎？就算醫師是在騙錢，我們也得被騙。

小蝶：反正是你的錢，我管不著。

母親：不，我沒那麼多錢，你得幫忙出錢。

小蝶：我剛失業耶，你叫我 1 個月拿 7 萬元出來，想逼女兒當酒家女嗎？

母親：我知道你先前待大公司存了 200 多萬元，你先把積蓄拿出來醫治爸爸，如果到時 200 萬元花光病還沒好，就隨你爸爸去死吧。

花 200 多萬元買個孝順美名，聽起來似乎還不錯。但一個現實的問題：200 萬元花完，老爸死了，但老媽還沒死，誰來照顧老媽呢？就憑政府那幾千元的老人年金嗎？買尿

布都不夠吧。

而且小蝶已經失業了，如果之後找到一個月薪 4 萬元的工作，她要花多久才能把這 200 多萬元賺回來呢？至少要花 10 年。為了一個垂死的癌症老人，讓年輕人沒日沒夜的工作 10 年，不值得。小蝶應該勇敢拒絕母親無理的要求，即使這樣做會被罵不孝，也沒關係。

小蝶的弟弟高中畢業，不想讀大學。

小蝶：好歹混個大學畢業，拿張文憑吧。

弟弟：我討厭讀書啊，而且家裡沒錢，要怎麼讀大學？

小蝶：半工半讀啊。

弟弟：又要工作，又要讀書，我上課的時候鐵定趴在桌上睡覺。

小蝶：安靜睡覺，別打呼吵到同學就好，反正大學本來

就是去滑手機的。

要不要讀大學，這始終是一個爭論不休的問題，特別是對於那些討厭讀書的小孩來說。這問題是沒有答案的，不過，我兒子沒有讀大學，他是直接去大賣場上班，時薪150元。

目前大學畢業的起薪是2萬8,800元，高職是2萬4,400元，兩者價差4,400元，以台北私立大學的學費和生活費4年200萬元來計算，大約要工作38年（＝200萬÷4,400＝454.5個月＝37.875年）才能賺回來這價差。

現代人的工作能不能撐20年都是一個問題，想靠讀大學賺錢，難啦。因此讀大學的現實利益是很低的，如果是讀理組或醫學院，還有可能把錢賺回來；如果是讀文組想要回本，就跟反攻大陸一樣，期望但不能指望。

有教授跟我說：「讀大學不是為了賺錢，而是為了學習做人處事的道理。」如果要學這一些做人的道理和哲學類

的東西，建議網路隨便翻翻就很足夠了，不用浪費錢去讀大學。

　　再來，要考慮小孩的興趣。如果小孩很想讀書，那就隨他去讀大學吧。但多半的情況下，小孩根本不想讀書，就像我兒子一樣，他只想畫畫而已。我是建議他自己看 YouTube 的「抖抖村」自學畫畫即可，不用去讀大學浪費錢。以後如果真的很有興趣畫畫，可以當個網路畫家，聚集 10 萬粉絲後，再賣商品給粉絲賺錢。所以我創了一個萬人社團，希望他能在社團畫畫，替自己打知名度。不過兒子似乎不太領情，他寧願自己搞個只有 6 人的粉絲頁，父母難為啊。

　　由於讀大學的問題太難回答，我建議是隨小孩開心就好。小孩想讀大學就去讀，小孩不想讀大學就別讀，大學沒以前輝煌了，別勉強自己的孩子。

　　小蝶被開除後，知道自己必須省錢，於是她出門只帶 1,000 元。她想沒錢買至少可以看看吧，所以她去百貨公司逛街、試穿衣服，讓自己心情好一點。

然後，她很震驚地發現百貨公司竟然在舉辦買一送一活動，等於全面 5 折啊。於是小蝶買了些衣服、保養品，再拿贈送的 100 元折價券去美食街吃飯。雖然 1 天就刷信用卡花了 1 萬元，但小蝶認為這些都是生活必需品，值得。

不是說你出門只帶 1,000 元，就不會買東西，你還必須剪掉你的信用卡。否則不用現金買，但刷信用卡，這樣有差別嗎？東西也不是說便宜就能買，正確說來，是有需要才買。買便宜貨不代表你比較節省，因為便宜而買一堆垃圾，其實是非常奢侈浪費的行為。

衣服和保養品根本就不是生活必需品──新衣服穿了，不會讓人比較漂亮；保養品抹了，肌膚根本連一點差別都沒有，完全不該買衣服和保養品。最後，沒事別去逛百貨公司，你愈逛只會愈刺激你的消費欲望，讓你買更多無用的垃圾而已。

小蝶喜歡一個男的，很帥又會講話，雖然家裡窮了點。還有另一個男人在追求小蝶，這男人呆板了些，但收入不錯，家庭背景也很好，但小蝶看不上眼。

　　小蝶不是那種因為家裡窮，就會賣掉自己身體的女人，小蝶追求的是愛情，而不是金錢，真愛無價。

　　這種追求無價真愛的女人，最後只會讓自己的愛情變得無價，完全無任何價值可言。帥沒什麼用處，會講話稱得上是種才能，可以考慮當業務。但要當業務，擅長講話不過是基本條件而已，還得搭配臉皮夠厚才能賺到錢。

　　如果這男人只是會講話，但臉皮薄，肥羊可以斷言這男人根本一輩子沒前途。呆板的男人收入不錯，家庭背景也很好，才是小蝶該考慮的對象。當然也得調查一下男人是否花心，到處亂玩女人的男人，不管他條件多好，我們都不要。

　　夫妻相處最重要的不是彼此的愛情有多深，而是雙方能否互相配合對方。有默契的夫妻才能長久相處，激情如火的情侶往往是以離婚收場。不要動不動就把愛情掛在嘴裡，那沒有任何價值。

　　不要嫁給你最愛的男人，而要嫁給最愛你的男人，嫁給

最挺你的男人，嫁給願意為你獻上一切的男人，這樣的男人才有結婚的價值。長得帥，講話會逗你開心，全無任何價值可言。

小蝶必須扛起一切的責任，這樣家庭才能夠強大。這裡所謂的家庭，是指小蝶自己的家庭，不是小蝶父母的家庭，也不是小蝶弟弟的家庭，這些外人的死活和小蝶沒有任何關係。

夫妻兩人 50 年生活開銷至少 3400 萬元

小蝶必須自行累積足夠的財力、挑選好的丈夫、教育出肯工作的小孩。這一切的努力，如果能夠成功，全部都是小蝶一個人的功勞，和別人沒有任何關係。這一切如果失敗，也是小蝶一個人的失敗，和別人也沒有任何關係。

人的一生都與任何人無關，自然也不需要任何人的讚美或批評，一切全是自己的責任。「兩腳踏翻塵世路，一肩擔盡古今愁。而今不受嗟來食，村犬何須吠未休。」我每個白天都要辛勤地走路，兩條腿踏遍了塵世間的一切道路；

我每個晚上都會感到肚子飢餓，一個肩膀擔起了古往今來的所有憂愁與怨恨。我的生活就是如此，不需要任何人的同情與可憐。社會大眾又何必在那邊說三道四的批評，就如同野狗一般，整天吠叫個不停。

很多人會問：「賺錢不就是要花的嗎？賺錢賺到這麼悲哀，有何意義？」那我要問你一件事情：「你賺的錢夠花嗎？」你年輕時就已經每個月花光光了，你年紀大了是想去公園乞討嗎？還是想逼你那可憐的小孩，賺錢給你花呢？

你以為你的小孩會拿錢給你嗎？太天真了，有什麼樣的父母，就有什麼樣的小孩。你那麼愛花錢，你的小孩肯定也很愛花錢，他自己都花不夠了，哪有錢給你花？如果你賺的錢不夠夫妻兩人和父母花到 85 歲，你就沒有資格談享受人生。

以一個 35 歲的年輕人來講，每年花 12 萬元，50 年就是花 600 萬元，計算 2% 的通貨膨脹後，你至少得準備 1,200 萬元，這只是你一個人的基本生活開銷而已。夫妻 2 人生活開銷就是 2,400 萬元，加上買房子 1,000 萬元，

總共就是 3,400 萬元，哪來的錢可以花啊？你這個窮鬼認清點現實，不管你願不願意，削減家人生活開銷，是你唯一的選擇。

事實上，你根本也沒有任何其他的選擇。我們要愛我們的家人，但更要愛我們的錢。如果家人與金錢發生衝突，選擇金錢，而不是家人。因為這是一本介紹理財觀念的書籍，我們不談感情，我們只談錢。

躺著賺\
400 萬的肥羊養股術

Chapter 04

選股篇》從元大台灣 50 中
挑符合 5 標準的好股

　　肥羊渡過鱷魚河後，發現了一座山谷，四周有懸崖環繞，中央還有一汪湖水。肥羊把懸崖改建成城牆，並將懸崖鑿出一個山洞作為城門，再引湖水灌溉，種植青草。

　　肥羊對自己所做的一切非常滿意，有一天南方王都來了幾位學者，告訴所有羊群：「這座美麗的山谷，其實是一座活火山，去年才剛大規模爆發而已。目前火山活動依然非常活躍，隨時有可能再次爆發，因此沒有任何羊隻敢住在這裡。」學者建議羊群搬移去西方的中央大草原，那裡羊群稀少、水草肥美，足以供應整個羊群一起生活。所有羊群決定晚上開會，好好討論搬家的事情。

開會時間一到，肥羊上台表示：「目前居住的火山要塞非常完美，根本不需要搬家，會議就此結束。」所有羊群紛紛怒嗆肥羊：「你以爲自己還是飼育員嗎？」「你當這裡是第 4 號牧場，一切都你說了算嗎？」「至少該給一個理由吧。」

肥羊不理睬台下的紛亂，直接宣布散會。第 2 天早上，成群的羊攜家帶眷，離開了火山要塞，前往中央大草原，留下來的羊不到 3,000 隻。

當秋天來臨之時，狼群發動大規模的「秋獵」，也就是在秋天打獵。前往中央大草原的 2,000 多隻羊，全數被狼族捕獵，帶往北方牧場。第 4 號牧場原有 1 萬 3,000 多隻羊，戰死了幾百隻，被鱷魚吃掉幾百隻，不敢渡河的有 7,000 多隻。成功渡河的 5,000 多隻羊裡面，有 2,000 多隻在中央大草原被狼族俘虜，存活下來的羊群不到 3,000 隻，成功率只有 23%，等於每 4.5 隻羊，只有 1 隻羊逃脫成功。

中央大草原水草肥美，那爲何會羊群稀少呢？都沒有半隻羊想過這件事情嗎？中央大草原肯定有鬼啊。肥羊注意

到了，但肥羊不想說，因為肥羊想趁機剷除掉羊群中的反對派。

離開第 4 號牧場的肥羊不再是飼育員，背後也沒有狼族撐腰了。肥羊其實很害怕下面的羊群造反，自己會無力鎮壓。肥羊為了趕走所有的反對派，才會故意在會議上表現得蠻橫不講理，激走全部有意見的羊，讓牠們去中央大草原送死。「上士殺人不用刀」，最上等的人，殺人時是不拿刀的。

●━◆━●━◆━●━◆━●━◆━●━◆━●━◆━●━◆━●

我們先來分析，為何王都來的專家，會無法知道中央大草原的危險性。因為他們是專門研究火山的，所以他們對於火山的危險非常清楚，但對於中央大草原的危險，可就沒什麼認知了。

聽起來很不可思議吧？但其實很常見。目前上市櫃企業全體員工總數為 120 萬人，這還沒有計算到外包人員。目前台灣有實際進行股票交易的人在 300 萬人左右，如果這 120 萬名員工都有在炒股，他們就是傳說中直接掌握內線

的人,他們炒自家公司的股票,絕對是會賺錢的。但實際上真是如此嗎?

不因負面傳言,輕易賣掉手中持股

當然不是。這 120 萬名員工對自家公司知道太多了,無論是優點或是缺點,這些員工都很清楚。知道太多會讓他們產生誤判,認為自家的公司不好,別人家的公司比較好。這就是所謂「遠方的草原永遠最為肥美」,因為你沒吃過,不知道的東西永遠完美無缺。

所以王都來的學者才會認為火山要塞不好,因為他們對這座火山知道太多了,過多的知識使他們產生誤判,認為火山要塞不安全;而他們對中央大草原知道太少,無知產生美好的幻想。

我們以中信金(2891)為例。這家公司有太多的問題點:董監事薪水過高,年領 5,000 萬元以上;董監事持股比率過低,只有 1%;董監事股票質押比過高,達到 40%……這家公司的問題很多啊。找出中信金的問題不難,找出中

信金的問題，還當作沒看到，這才叫做「困難」。

外國人的智慧在於「找出問題」，中國人的智慧在於「找出問題後，當作沒看到。」你要講問題，我也可以講很多啊：玉山金（2884）股價漲得根本就不合理；國泰金（2882）以前賣的高利率保單虧損很大；新光金（2888）獲利不穩；第一金（2892）每年換董事長；兆豐金（2886）經常被倒帳。

你倒是告訴我，台灣哪家公司沒有問題的？公司之所以沒有問題，不是因為沒有問題，而是因為你不知道問題。

「完美無缺＝無知」，我們炒股就是從這一堆有問題的公司裡面，挑選一家看起來比較沒有問題的公司。就像肥羊一樣，明明知道火山要塞會爆炸，那又如何？反正現在還沒爆炸，就好好地住下來，這不叫裝瞎，這叫做「人生的智慧」。

覺得中信金有問題趕快賣掉，買別家公司，你只會踩到新的地雷而已。就如同那群認為火山要塞很危險，而跑去

中央大草原的羊群，最後全數被狼族抓起來。因此，除非你對這家公司已經研究好幾年，非常了解， 否則光憑看過幾份財報，就自認為清楚這家公司的一切，我只能説：「孩子，你太天真了。」

再來，談談肥羊趕跑反對派，讓牠們去中央大草原送死的態度。很多人會覺得肥羊手段太過冷血，其實啊，你都敢反對一個人了，還會在乎別人對你見死不救喔？像社團裡面經常有些人，跑來訴説中信金的壞話：「公司獲利出現大規模衰退，股價快崩潰了。」這種我都是直接永久封鎖啦。

覺得本肥羊這麼做很沒度量嗎？你下次抱著一尊媽祖，去教堂傳教看看，一定會直接被人家轟出來啊。什麼樣的場子，講什麼樣的話，做人如果連最基本的場面話都不懂，硬要去中信金的場子，罵中信金爛，被人海扁也是應該的。

無限地包容敵人，很容易導致內亂。我們看台灣的政黨就知道，每次在選情大好的時候，政黨就開始暴發大規模內鬥，導致局勢急轉直下，這就是包容敵人的壞處。

永遠記住一件事情，你不可能改變反對派的想法。如果反對派低頭，他們只是迫於形勢而低頭，並不是服從於你那崇高的理想；如果你無法馴服這些聽不懂人話的死硬派反對分子，全部踢出去是最好的做法。

廢話說得有點多了，我們直接進入今天的主題：「選股」吧。這是股市兵法裡面最為複雜，也是最重要的一篇。這一篇做得好，後面幾篇都沒做，也沒關係。

把「災難打擊股」納入選股名單中

如同 Chapter 1 裡提到的，選股的要求是從元大台灣 50（0050）的成分股裡面，挑選大到不會倒、成立很久的傳統產業，且這一家公司的獲利穩定、本益比在 15 倍以內，去年現金股利占每股稅後盈餘（EPS）50% 以上（Chapter 1 提到的是淘汰標準，所以低於 50% 的要踢掉，這裡是要談選擇的標準，所以高於 50% 的才挑出來）的公司。

選好以後，淘汰上市不到 5 年、今年稅後盈餘大幅衰退超過 20%、5 年內出現虧損或幾乎虧損的股票，再把受到

災難打擊的股票抓回來。以 2019 年來說，受到災難打擊的就是國泰金和富邦金。之後再依據公司本益比來評定該公司的評價是 SSS、SS、S、A，再用稅後盈餘與去年相比是否成長，來評定是「＋」或「－」。

以中信金來講：去年（2018 年）EPS 是 1.85 元，股價是 22.1 元，本益比為 11.95 倍，2019 年前 3 季稅後盈餘較去年成長，所以評價是 S ＋。這些大家應該都會背了，但大家應該不知道原理吧，這些細節將會在 Chapter 13 ～ 15 中介紹。

Chapter 05

追蹤篇》長期觀察持股
有效提升投資勝率

肥羊建設好火山要塞後，就每天追蹤狼族的動向。後來肥羊發現，狼族都是經由「榕樹橋」軍事要塞渡過鱷魚河。肥羊就在地下挖了一個秘密碉堡，日夜監視榕樹橋要塞。

大家都覺得肥羊吃飽太閒，花那麼多精神弄地下碉堡，還得派羊隻駐守，簡直是浪費羊力和青草，還不如好好開墾整座火山比較實際。

監視狼族的榕樹橋要塞，才能夠知道狼族的一切情報，

至於情報有沒有用處，這就得看領導者的才幹。但可以肯定的是，沒有情報就無從判斷。

情報工作看來似乎毫無貢獻，其實用處可大了。使用元大台灣 50（0050）來挑選股票，是因為懶得挑選股票，交給市場決定比較省事（詳見註 1）。但很多人都對元大台灣 50 很抗拒，為什麼呢？因為其中有 40 檔股票幾乎不會換。

投資須記取失敗經驗，並克服羞恥感

這 40 檔股票大家都炒過了，要你去買自己以前賣掉的股票，內心肯定會產生很大的抗拒。就如同要求一個女人，去追自己以前甩掉的男人回來，沒有被逼上絕境，沒有哪個女人願意幹這種丟臉的事情。

以肥羊為例，肥羊在 12 元賣掉玉山金（2884）70 張，然後肥羊就一直拒絕買玉山金回來。看看現在（2019 年

註 1：編按：0050 的成分股為市值最大的 50 檔股票。

11 月 21 日）玉山金 27.35 元的天價，就知道在 12 元
賣掉有多離譜了。

如果以 2008 年 9 月持有 1 張玉山金為例（一律以除權
後計算，不足 1 股，以無條件捨去法計算）：

年份	股票股利（元）	現金股利（元）	總持有張數（張）	總領取現金（元）
2009	0.30	0	1.030	0
2010	0.40	0.20	1.071	206
2011	0.70	0.20	1.145	420
2012	0.50	0.20	1.202	649
2013	1.00	0.30	1.322	1,009
2014	0.89	0.28	1.439	1,379
2015	0.87	0.43	1.564	1,997
2016	1.00	0.43	1.720	2,669
2017	0.74	0.49	1.847	3,511
2018	0.61	0.61	1.959	4,637
2019	0.71	0.71	2.098	6,027

如果 2008 年肥羊沒有以 1 張 12 元的價格賣掉玉山
金，並持有至 2019 年 11 月 21 日，以當天市價 27.35
元計算，這 1 張玉山金的總價值是 6 萬 3,407 元（＝

27.35×2.098×1,000 + 6,027）。與 2008 年的賣出價格 12 元相比，價差 5 萬 1,407 元（＝6 萬 3,407 － 12×1×1,000）。肥羊當時總共持有 70 張玉山金，損失就是 359 萬 8,490 元（＝5 萬 1,407×70）。

我常說宏碁（2353）賠 20 萬元，是生平最大的虧損，但其實也不過是 20 萬元而已。我玉山金少賺 359 萬 8,490 元，這才是有史以來最大的損失。「勿忘宏碁，悔恨玉山」，這是我 2013 年退出股市，回家面壁思過 3 年的原因。

我相信沒有哪一位股市名師，會告訴別人自己炒股有多麼的失敗，他們永遠只會吹噓自己炒股賺多少錢而已。成功值得誇耀，失敗更需要誇耀。

吳王夫差落魄時，每天叫人罵他自己：「夫差！你忘記越王的殺父之仇了嗎？」等夫差打敗越王勾踐報仇成功後，沒人敢罵他，夫差迅速滅亡。不斷提醒自己的失敗很重要，希望有一天我炒股成功，忘記自己的失敗後，各位讀者可以提醒我一下。

除了別忘記自己的失敗以外，你還必須克服掉自己的羞恥感，這樣才能在股票道路上繼續前進。由於多數人不願意賠錢買賣，因此他們不會賠錢買進自己以前賣掉的股票，他們需要新股票。他們需要從 1,000 多檔股票中不斷尋找新貨，這樣才能掩飾他們以前買賣舊股票賠錢的事情。

想想看，肥羊在 12 元賣掉 70 張玉山金，如果在 27.35 元買進玉山金回來，就得先面臨這 10 年來 359 萬 8,490 元的損失。還沒賺錢，就先賠掉 359 萬 8,490 元，誰都不會願意的。所以肥羊不願意買進玉山金，這樣 359 萬 8,490 元的損失就可以當作沒看到。雖然是鴕鳥心態，卻是很常見的散戶心理。

但如果肥羊不買玉山金，改買上海商銀（5876），那一切的問題就解決了。肥羊可以在炒上海商銀時，獲得巨大的利潤。就算賠錢好了，也不至於像買玉山金般，賠上天文數字的 359 萬 8,490 元損失。

我做個簡單的總結：肥羊如果在 27.35 元買玉山金，就必須提列當年 12 元賣掉玉山金的損失，大約是 359 萬

躺著賺
400 萬的肥羊養股術

8,490 元。但如果肥羊買 55 元的上海商銀，我過去又沒買賣過上海商銀，我的損失就是 0。不管怎麼算，都是買上海商銀賺，買玉山金慘賠啊。

這就是人性，永遠無法面對自己過去犯錯所造成的損失。新股票上市總是會受到歡迎，因為沒有任何人在新股票的買賣上受到損失，所以新股票幾乎都會漲。就如同新開的餐廳總是大受歡迎，但幾個月後就倒閉了。

「元大台灣 50」扣掉電子股和獲利不穩的股票，其實大約只有「元大台灣 25」而已。所以，你會每年去追這 25 檔股票，追這 25 檔股票久了，你就會注意到這 25 檔股票的變化。你會發現這 25 檔股票怎麼都不會倒呢？像很多人挑選股票是從 1,000 多檔股票下去挑選，甚至還挑到中國和美國去。股票這麼多，你要如何去追蹤這些股票的變化呢？

舉例來說，小蝶在 2013 年 5 月 16 日以 42 元的價格買了茂迪（6244），結果茂迪股價一直跌，小蝶就在 2013 年 6 月 21 日以 37 元的價格賣了茂迪，然後徹底

忘了茂迪。請問小蝶要怎樣知道，自己當初賣茂迪是對是錯呢？

小蝶如果繼續追蹤茂迪，就會知道茂迪後來在 2013 年 12 月 31 日漲到 63 元，所以賣掉茂迪是錯的。茂迪今天（2019 年 11 月 21 日）跌到 8.88 元，所以賣掉茂迪是對的。因此賣掉茂迪是屬於短線錯誤，但長線正確。

但小蝶沒去追蹤茂迪，所以她不知道什麼短線錯誤，長線正確，小蝶只是在賭錢而已。小蝶無法從茂迪的買賣學到任何經驗，小蝶將永遠成為經驗值 0 的股市菜鳥，她的勝率永遠都會是 50%，甚至更低。

肥羊在 8 元買了玉山金，在 12 元賣掉玉山金，從此以後肥羊就天天追著玉山金跑。雖然肥羊這輩子沒再買過任何 1 張玉山金，但肥羊知道原來銀行倒了，政府會買下來；原來銀行倒太多家了，等於宣告台灣這個國家破產；原來買銀行股票，等於買下台灣啊。肥羊也會知道原來銀行有月初公布財報、年底作帳的習慣，甚至還有崩盤時，一舉打銷呆帳的壞毛病。

躺著賺
\ 快 400 萬的肥羊養股術

　　肥羊一開始也是勝率 50%，經驗值 0 的股市菜鳥，但現在肥羊已經是金融股勝率 99%，獲利 1,035 萬元（從 2016 年算起，包含價差、股票股利與現金股利）的人，這一切就只因為肥羊追著玉山金跑而已。

　　前面説的獲利 1,035 萬元單純指第一金（2892）和中信金（2891）的獲利，目前肥羊炒股總獲利是 1,488 萬元（從 1999 年算起至 2019 年 11 月 21 日，包含價差、股票股利與現金股利）。

　　我炒金融股從來沒賠過，即使買賣玉山金那次也沒賠過，但我不會説自己炒金融股穩賺不賠，這樣太自大了，説勝率 99% 就好，保留 1% 以示謙遜。

　　我們可以很明顯看出來，追不追蹤股票的走勢，在一開始都沒差，勝率一樣是 50%。但長期追蹤 20 年後，勝率可以提升到 99%，而不追蹤的人勝率依舊是 50%，毫無任何成長可言。

　　你必須長期追蹤自己買賣過的任何一檔股票，否則你永

遠無法修正自己理論上的錯誤，你將會一錯再錯，繼續錯到底為止。最後只會每天埋怨主力坑殺散戶，政府無能。

先聲明一點，我很討厭有人在社團抱怨主力坑殺散戶、政府無能。這種人我會直接踢掉，社團裡不歡迎只會檢討別人的酸民。像很多人都炒幾百檔股票，我不相信他能夠追蹤這幾百檔股票的漲跌。

肥羊就不同了，能夠一一數出自己炒作過的股票，中鋼（2002）、玉山金、民興紡織（已下市）、中華電（2412）、華航（2610）、華碩（2357）、宏碁（2353）、第一金、中信金。

追蹤股票，才能修正投資方法、培養心理素質

我一直都在關心這些股票的變化，我知道民興紡織倒閉；我知道玉山金創下天價；我知道華碩、宏碁和中鋼這幾年都在努力打拼；我知道華航這些年日子過得很辛苦；我知道中華電股價一直跌不下來；我還知道第一金在我賣掉之後，股價繼續上漲 4 元。

　　因為我追蹤這些股票，所以我知道這些股票的後續狀況，才能修正自身理論的錯誤之處。我不會只滿足於中信金賺531萬元（2017年～2019年的總獲利）而已。我賺到的都是應該賺到的，我沒賺到的，我會想辦法以後再賺回來。撈盡股市的每一分錢，是我的想法。

　　當然很多人會說：「我何必浪費時間追蹤一檔股票呢？我看線型、新聞和財報，一樣能達到追蹤的效果。」理論上，看線型、新聞和財報，確實可以達到相同的效果。但實際上呢？你沒有長年追蹤股票，就無法知道社會大眾當時對這檔股票的看法。

　　以玉山金為例：2009年股價8元時，玉山金的2008年每股稅後盈餘（EPS）是0.3元，大家都覺得玉山金快倒了。所以，本肥羊2008年以12元的價格賣出玉山金，完全正確。更何況2006年玉山金的EPS只有0.13元，不管怎麼看，玉山金都是一家經營不善的公司，這是當年的時空背景。

　　如果你在2019年看玉山金的線型，你只會覺得當初賣

12 元玉山金的人是庸才，賣 8 元玉山金的人肯定是智障。但那是因為你沒有處在那個環境之下，事後看線型，當然會覺得每個人都是大笨蛋。

由於我一直在追蹤元大台灣 50，所以我知道元大台灣 50 成分股裡的傳統產業股票幾乎不會倒閉。這一點很重要，大家要知道肥羊兵法只有一個弱點，那就是公司倒閉。只要公司不倒閉，剩下的就只是時間問題而已。

追蹤之所以重要，在於培養你的心理素質。這世上有太多的酸民喜歡打擊他人，比如說肥羊買中信金，他們就愛說中信金董監事薪水太高，是家爛公司。推薦國泰金，就會被批評國泰金高利率保單太多，會虧損到倒閉。討論刪減父母的生活費，就會被批評不孝順，肯定是小時候被父母虐待，現在長大才會有創傷後壓力症候群。

酸民會用各種方法打擊你的信心，你光是埋頭看線型和財報，不和任何人討論，會被酸民打擊嗎？不會吧。一定要實際去追蹤這些股票，和別人互相討論，接受酸民打擊的洗禮，否則你炒股永遠不會進步。

不用試著去了解所有股票,而要試著去了解你所擁有的股票;不用去精通所有的股票流派,只要精通你現在的股市流派;學會 1 萬種招式的人並不厲害,同一種招式反覆練習 1 萬次的人,才是高手中的高手。

Chapter 06

評價篇》買進低本益比股
降低投資風險

中央大草原土地肥沃，草長得比羊還要高，但因為正對著狼族的榕樹橋要塞，沒有羊敢待在那裡吃草。

南方王都土地更加肥沃，但羊群數量太過龐大，草不夠所有羊吃。因此南方王都的羊王會將貧窮的羊送往天下第一關「劍羊關」，而劍羊將軍會指派這些貧窮羊，去中央大草原割草。

由於中央大草原有狼群出沒，因此經常會有羊群死傷。合理的羊隻死亡數量為：每收割 300 公噸青草為 1 單位，死 15 隻。當死亡數量降至每單位死亡 10 隻時，劍羊將軍

會派出加倍的割草小隊;當死亡數量上升至每單位 20 隻時,劍羊將軍會停止派出割草小隊。

劍羊將軍的名言:「貧窮羊的命並不值錢,但不代表我可以隨便讓貧窮羊去送死。只有在能取回足夠數量的青草時,貧窮羊才有送死的價值。」

◆•◆•◆•◆•◆•◆•◆•◆•◆•◆•◆•◆•◆•◆•◆•◆•

計算貧窮羊的死亡數目和收割回來的青草數量,來決定要派出多少割草小隊,這就是一個典型的成本利益考量。這計算方式一定精準嗎?未必,可能羊隻死亡數量只有每單位 8 隻,派出加倍的割草大隊之後,遇到狼族的狩獵軍團,貧窮羊死傷慘重。也可能在每單位死亡 20 隻時,結果狼族因為狩獵大豐收,打包回府,貧窮羊反而沒有任何死傷。

簡單的說,這只是一個猜測,而且是一個非常不精準的猜測。那為什麼還要做這些猜測呢?這是因為如果不去做這些猜測,貧窮羊的死傷會更加慘重。做這些猜測,可以有效降低貧窮羊的死傷,但這必須以大量的數據來看,才

有降低死傷的意義。如果只以個別一支割草小隊來看，每一次去中央大草原割草，都有可能導致全滅。每單位 300 公噸青草死 8 隻，不會比每單位死 20 隻安全，甚至更加危險。

了解這個道理，才能解釋如何以本益比評價股價，其背後的原因（詳見表 1）。

計算本益比時，一般以今日股價除以去年 EPS

本益比的計算方式可以分為 3 種：

1. **今日股價 ÷ 5 年內的平均每股稅後盈餘（EPS）**：這種算法的立意很好，但在實際上使用很困難。只要知道本益比實際上是取 5 年平均，不是取 1 年就好。但為了簡化，我們不會做這麼複雜的計算。

2. **今日股價 ÷ 去年的 EPS**：這個計算方式最好用，但如果去年公司的 EPS 遭到灌水，比如統一超（2912）2017 年因為賣掉上海星巴克，EPS 為 29.83 元，就會導致計算

表1 評價A以上的股票都可買進
——股票評價的分類

本益比（倍）	評價	建議
8.00以下	SSS	投入總資金的100%
8.01～10.00	SS	投入總資金的50%
10.01～12.00	S	投入總資金的30%
12.01～15.00	A	投入總資金的10%
15.01以上	無	先觀望，不宜投入

失真。

3. **今日股價 ÷ 預估的 EPS**：上半年的財報公布以後，預估今年 EPS ＝去年 EPS× 今年的 EPS 年增率。比如說，如果上半年 EPS 成長 6% 的話，就預估今年 EPS 也會成長 6%。但是這種方法在上半年的財報公布以前，無法預估今年的 EPS。

預估的本益比當然會失真，因此必須不斷地修正數據。但我認為其實只要用個「＋」和「－」，就能清楚表達公司的成長和衰退。例如，公司稅後盈餘比去年增加視為

「＋」，比去年減少視為「－」，不用算得那麼麻煩。

一般還是以「今日股價 ÷ 去年的 EPS」來計算本益比最方便。這個本益比的設計，跟劍羊將軍派出割草小隊的公式一樣，在風險愈小的低本益比時，就投入愈高的資金。

以大量數據來講，這做法絕對是正確的。但以單一股票來講，低本益比的股票，價格可能下跌，比如說國泰金（2882）；高本益比的股票，價格可能上漲，比如說玉山金（2884）。因此這個公式不是在預測股票價格的漲跌，而是在預測這檔股票的價格還有多少下跌機率。

本肥羊認為，SSS 評價的股票，價格下跌機率接近 O，因此建議投入總資金的 100%。但是，其他任何評價的股票，價格都有可能下跌，不管是 SS、S 還是 A，統統都有可能下跌，直到跌至 SSS 評價為止。因此本肥羊主張，在評價 A 以上的任何股票，都能購買。但實際上評價 A 的股票，價格下跌機率並不低。

如果你要依據本肥羊的評價來購買股票，就必須了解這

個道理。所以很多人常問我股票可以買嗎？正確答案是都可以買，但買了以後股價會下跌。如果你是要問哪檔股票買了之後，股價會上漲？本肥羊不知道。

本益比僅為買賣參考，仍須挑獲利穩定公司

本益比高就不能買嗎？答案是可以買。像台塑（1301），各方面的獲利都大幅度下降，本益比瞬間飆高，這其實是可以買的。獲利衰退的股票，本肥羊認為是可以買的，這就是在賭這檔股票以後獲利能夠回復。那如果台塑以後獲利不能回復呢？你就領現金股利，多套牢幾年吧。但大家都是平凡的散戶，沒那個膽識的話，最好還是別趁衰退期購買台塑，很冒險的，也不知何時獲利可以回復水準。

本益比低就能買嗎？像新光金（2888），今年（2019）獲利非常亮眼，本益比很低，只有 11.24 倍（＝10÷0.89，2019 年 11 月 21 日股價 10 元，2018 年每股稅後盈餘 0.89 元，2019 年前 3 季每股稅後盈餘 1.55元），但本肥羊認為不能買，因為新光金以前的獲利不佳。所以，本益比是一個股票買賣的參考，但也只是參考而已。

建議盡量挑獲利穩定的公司，避免大幅衰退或大幅成長的公司，這兩者都不好。

　　本流派這種專挑衰退股票購買、避開成長股票的做法，是在跟市場作對喔。因為衰退的股票，股價容易跌，而且也不知道獲利什麼時候能夠恢復，所以股價會一跌再跌，甚至在你買進之後跌更慘。無論如何，我們就是在賭公司獲利會回穩。

　　而成長中的股票獲利不斷地創下新高，股價一漲再漲，本流派卻視為垃圾。這就是本流派評價，與其他流派不同之處。當然最主要的原因，是衰退的股票，價格便宜；成長中的股票，價格昂貴。像玉山金股價 27.35 元（2019年 11 月 21 日），雖然公司獲利不斷地成長，但股價實在是太過高昂，本肥羊完全無法接受。

　　如果有獲利創新高，但股價卻很便宜的公司，本肥羊會很喜愛。所以，本肥羊才會一直購買中信金（2891），中信金的獲利創新高，股價比起其他銀行卻便宜很多，沒理由不買。

　　股價便宜不表示不會賠錢，這點要先和大家說清楚。不過由於女神保佑的關係，目前肥羊還沒買過哪檔傳統產業的股票是賠錢的。電子業倒是賠過錢，別玩電子股就好，簡單。

Chapter 07

股利篇》現金殖利率至少 5%
加快成本回收速度

北方高原的 500 多個牧場，飼養的羊群總是不斷發生叛逃。規模最大的「肥羊之亂」，甚至帶走了 1 萬 3,000 多隻羊，死傷 300 多隻狼族。面對如此大規模的叛亂，地方武裝力量根本無力鎮壓，一切必須仰賴中央出兵。

很多狼族將軍提議，乾脆廢除北方牧場，直接狩獵羊族就好。狼王表示：「如果單純依靠狩獵，每年能夠取得的食物數量並不固定。萬一狩獵成績不佳，狼族將會成群餓死。但飼養羊族可以提供穩定的羊肉來源，大家或許吃不飽，但絕不至於餓死，北方牧場萬萬不能廢除。」

　　天無百日晴，人無千日好。即使是沙漠，也會突然降下豪雨；即使是富貴人家，也難逃突然破產的命運。重點不在於如何阻止豪雨發生，或者避免家族破產，而在於豪雨發生時，你要逃往何處躲避水災？當家族破產時，你可曾準備過最後一桶黃金，讓後代子孫逃往國外避風頭呢？任何的計畫如果沒有考慮過最壞的情況，就稱不上是完整的計畫。

　　劉備之所以能夠在三國中雄霸一方，不過是因為善於逃跑而已，完善規畫撤退路線太重要了。如果狼族只靠打獵，萬一沒抓到足夠數量的羊群時，難道要全族一起餓死嗎？如果炒股時只依賴股票的漲跌來獲利，萬一賠錢時，你要如何攤平成本、收回資金呢？善於戰爭的兵法家，不過是比別人多了一分失敗的打算而已。

　　而對於股票買賣來說，現金股利可提供穩定的現金收入，對於收回炒股的成本非常重要。以現金殖利率 5% 來講，長期投資 20 年就能夠回本，從此之後穩賺不賠（現金殖利率＝現金股利 ÷ 股價 ×100%，假設現金股利 1 元、股價 20 元，那現金殖利率就是 5%（＝ 1÷20×100%））。

如果你只打算短期炒股而已，完全不需在乎現金股利有多少；如果你打算長期投資 20 年，你就必須知道現金股利有多少。

我認為現金殖利率 5% 是很合理的要求，畢竟公司也有倒閉的風險，要求在 20 年內收回所有投資成本，非常合理。如果你認為這家公司永遠不會倒閉，公司業績會無限成長下去，那麼你不需要知道現金股利有多少。本肥羊是保守的人，我認為我投資的公司會倒閉，公司的業績也有可能衰退。我隨時做好長期投資 20 年後，拿錢走人的心理準備。

計算現金殖利率常見 3 問題

雖然現金殖利率的公式很簡單，但有許多人都在亂用，因此本肥羊將幾個最常見的問題整理如下：

問題 1》甲公司一向都是發股票股利，今天甲公司董事長宣布 3 個月後，發出現金股利 1 元。如果甲公司今天股價 20 元，請問甲公司的現金殖利率是多少？

躺著賺\1年400萬的肥羊養股術

回答 1：一般人會認為甲公司的現金殖利率是 5%（＝ 1÷20×100%），這答案是錯的。正確解答是 0%，因為甲公司從沒發過現金股利。

　3 個月後發現金股利，就意味著現在沒有任何人可以拿到現金股利，而且你也不知道 3 個月後能不能拿到。搞不好甲公司直接倒閉，也說不定。這件事情曾經發生在民興紡織（已下市）身上，公司宣布發放現金股利，市場一片喜氣洋洋，然後公司突然宣布倒閉。

　永遠別相信沒拿到手的金錢。如果你認為政治人物沒有誠信，那麼董事長也不會有誠信。如果你相信政治人物和董事長有誠信，那麼你應該去掛精神科，檢查一下腦袋是不是燒壞了。

問題 2》統一超（2912）在 2018 年宣布發放現金股利 25 元，以當時股價 356 元（2018 年 7 月 20 日盤中價）計算，現金殖利率多少？

回答 2：一般人會認為是 7%（＝ 25÷356×100%），這也是錯的，正確答案是 2.25%（＝ 8÷356×100%）。

因為統一超 2017 年發放的現金股利是 8 元，2016 年是 7.2 元，2015 年是 7 元，所以我們認為統一超的現金股利只有 8 元而已，不是 25 元。不能因為公司某一年的現金股利一時暴衝，就提高了公司當年的現金殖利率，必須考量公司過去的歷史。

而統一超在 2019 年現金股利也只剩 8.8 元，股價拉回 307 元（2019 年 11 月 21 日收盤價），當初用 356 元天價買統一超的人，距離解套還差 15.2 元（＝ 356 － 25 － 8.8 － 307）。也許有人會問，為什麼不是用 2018 年 7 月 23 日最高價 378 元計算？那是因為沒有哪個正常人會買在最高點的，那些買在最高點的白痴根本不夠格學習炒股，那不是我要的學生。

台灣的財經新聞記者水準非常差，對於現金殖利率常常會亂算一通。各位千萬不可以抓新聞公布的高現金殖利率股票來炒作，你會套牢。

我們希望公司的現金殖利率有 5%，且現金股利能占每股稅後盈餘（EPS）的 50% 以上。以 EPS 為 2 元來計算，現

躺著賺 1 年 400 萬的肥羊養股術

金股利至少要 1 元。

　　那麼現金股利占 EPS 的比率是愈高愈好嗎？不是的，現金股利占 EPS 的比率只是一個參考指標而已。股票真正的獲利，是來自於公司未來的成長性，而不是每年發放的現金股利。電子股就算發放的現金股利再高，我們也不考慮投資。

　　以國巨（2327）2019 年發放現金股利 44.83 元，股價 320 元計算（2019 年 11 月 21 日盤中價），現金殖利率是 14%（＝ 44.83÷320×100%），看起來非常誘人，但永遠不會列入本肥羊的考慮名單，因為本肥羊不碰電子股。

　　再以最受歡迎的台積電（2330）來講，2019 年全年發放現金股利 12.5 元，股價 313 元計算（2019 年 11 月 20 日盤中價），現金殖利率是 3.99%（＝ 12.5÷313×100%）。大家都說台積電非常好，可就現金殖利率來看，其實也還好，但無論台積電現金殖利率好或是不好，我就是不碰電子股。

問題3》國泰金（2882）2018年的股價多在50元左右，EPS 4.47元，現金股利2.5元。結果今年（2019年）突然變成股價40元，前3季累積EPS 3.95元，現金股利1.5元，這檔股票要賣嗎？

回答3：不需要，EPS變少並不是賣股的理由，且等2019年第4季EPS公布後，國泰金2019年全年的EPS有可能比3.95元還高。假若國泰金第4季EPS真的是0元，以4.47元減至3.95元來看，其實也沒衰退多少，還不到20%。現金股利從2.5元減至1.5元，也非賣掉的理由。

考量國泰金EPS變少，是因為股市波動劇烈的關係。現金股利變少，則是因為金管會要求金融業少發一點現金股利。而且，同為保險業的富邦金（2881），也有同樣的困擾。所以本肥羊不認為需要賣掉國泰金，這時反而應該趁股價低迷，買進國泰金才對，正所謂的災難進場。

小蝶不喜歡現金股利，她認為現金股利會被課稅。然而，以小蝶無業遊民的身分，現金股利根本課不到稅。

此外，小蝶認為每年領中信金（2891）的現金股利很危

險，要買台灣人壽的儲蓄險才安全。但實際上，台灣人壽就是中信金開的，中信金倒閉，台灣人壽一樣會跟著倒閉。買中信金的股票領現金股利，跟買台灣人壽的儲蓄險領年金，兩者風險是一樣的。而且，買中信金領現金股利的利潤，還比儲蓄險高 1 倍以上。

你還和小蝶一樣，在傻呆呆地買保險養老嗎？真正能養老的是股票，而不是保險。不知道從什麼時候開始，領現金股利會被課稅的說法，響徹雲霄。現金股利要被課稅，你的所得稅率必須先超越 12%。以一家四口來計算，所得稅率 12%，年收入至少要 133 萬元。然而，我看到一堆年收入不到 100 萬元的家庭，在煩惱自己的現金股利收入會被課稅，真是太瞧得起自己了。

如果你家產真的太多、收入也太高了，建議把股票轉到已滿 20 歲的小孩身上。如果你的小孩都未成年，可以將股票轉移到自己的父母身上，只要你是獨生子，就不會有爭奪父母遺產的問題。如果統統不行，還有一個辦法:離婚。這樣現金股利可扣抵稅額，就能夠提高到 188 萬 2,352元（＝94 萬 1,176×2）。

其實在台灣，因為各種理由而離婚的夫妻，還滿多的耶。像是為了轉移財產、躲避債務，或者逃稅。也有人是為了符合單親家庭補助，才申請離婚。各式各樣的離婚理由讓人難以相信，真是台灣奇蹟啊！

除權息前賣股避稅，不適合投資新手

目前很多人提倡在除權息前賣掉股票，除權息後再買回來，這樣可避稅，還能做價差。我不知道提倡者本身有沒有實際這樣玩過？該不會是空口說白話，詛咒給別人死吧？

我先說一下我本身的避稅經驗：

2019 年 7 月 12 日以 21.7 元的價格賣掉 245 張中信金，金額 531 萬 6,500 元（＝ 21.7×245×1,000）。

2019 年 7 月 15 日為除息交易日，發放現金股利 1 元。

2019 年 7 月 16 日以 20.55 元的價格買進 245 張中信金，金額 503 萬 4,750 元（＝ 20.55×245×1,000）。

這兩筆交易總金額：1,035 萬 1,250 元（ = 531 萬 6,500 ＋ 503 萬 4,750）。

手續費：1 萬 4,750 元（ = 531 萬 6,500×0.1425% ＋ 503 萬 4,750×0.1425%，小數點後無條件捨去）。

交易稅：1 萬 5,949 元（ = 531 萬 6,500×0.3%，小數點後無條件捨去）。

每張股票價差：0.15 元（ = 21.7 － 20.55 －除息的 1）。

總價差利潤：6,051 元（0.15×245×1,000 = 3 萬 6,750，3 萬 6,750 － 1 萬 4,750 － 1 萬 5,949 = 6,051）。

券商手續費折讓利潤：5,175 元。

避稅利潤：4 萬 9,000 元（ = 1×1,000×245×20%，1 元為現金股利、20% 是本肥羊的所得稅率）。

總利潤：6 萬 226 元（＝ 6,051 ＋ 5,175 ＋ 4 萬 9,000）。

交 易 1,035 萬 1,250 元，才 賺 6 萬 226 元，利 潤 0.58%，短線投機真是刀口上舔血啊。本肥羊非常不贊成經驗欠缺的散戶，進行這種交易方式，萬一賣掉後買不回來，就完蛋了。

考慮到中信金在除權息後股價上漲至 22 元（2019 年 11 月 21 日收盤價），如果肥羊只想賺這 6 萬 226 元的利潤，很容易搞丟後面股票上漲的 31 萬 8,500 元的價差利潤（詳見註 1），大不智。

既然是大不智，那麼為何本肥羊還做這麼短線的交易呢？第一，我不是普通的散戶。我有炒股 20 年的經驗，我的水準和你不同。我不會把這種高超技術的做法，分享給散

註 1：價差利潤計算方式：中信金 2019 年 11 月 21 日收盤價 22 元，配發現金股利 1 元，還原息值為 23 元（＝ 22 ＋ 1）。若只顧著避稅，卻忘了把股票補回來，則每一張股票會損失價差 1.3 元（＝ 23 － 21.7）。以 245 張股票計算，總損失為 31 萬 8,500 元（＝ 1.3×245×1,000）。

戶去做。這很容易搞死人的，散戶只適合低技術水準的炒
股方法。

第二，是為了避稅。我 2019 年的現金股利是 124 萬
5,000 元（由於採用肥羊派波浪理論會不斷買買賣賣，因
此不同時間點的股票數量會不一樣，此時是以 1,245 張
中信金計算）。我不想被台灣政府吃這麼多稅金，因此賣
掉 245 張中信金，將現金股利從 124 萬 5,000 元，降到
100 萬元。之所以如此，是因為我覺得 1,000 張股票比
較吉利，單純個人迷信問題而已。

不過避稅交易我只會做這麼 1 次，不會再做第 2 次。因
為明年（2020 年）我兒子年滿 20 歲，我會將 670 張中
信金放到兒子名下，自己只保留 609 張中信金而已，不需
要再搞避稅交易了。為什麼我不將 1,279 張中信金（截至
2019 年 11 月 21 日）都給兒子呢？防著兒子點比較好，
誰知道兒子會不會將股票全部敗光？我得保留最後的資金
養老才行。

Chapter 08

操作篇》用肥羊派波浪理論
長、短線皆能賺

　　肥羊帶領 1 萬 3,000 多隻羊，逃離第 4 號牧場時，中途遇到狼族警備大隊。狼族身穿重裝鎧甲，手持長劍，300 多隻狼成鶴翼陣型排開，擋住羊群的去路。

　　肥羊將羊族精銳分為每 10 隻羊一組，共有 900 多組，成魚鱗陣型，老弱和幼羊則跟隨在後方。每組 10 隻羊成一字型排列，波此間以草繩綁在一起。肥羊下令：「所有羊四足踩地，全速衝刺，將頭低下，用羊角刺穿狼族的鎧甲。」

　　雙方一經接觸，狼族重裝鎧甲兵長劍一揮，1 隻羊族的腦袋直接掉下來，羊角根本刺不到鎧甲。狼族士兵正得意時，

其他 9 隻羊帶著死掉的那隻羊的屍體直接衝撞過來，狼族士兵擋不住 9 隻羊帶著 1 隻羊屍體的衝擊力，直接被撞倒在地（詳見註 1）。

狼族士兵掙扎著想站起來時，第 2 組 10 隻羊又衝過來，直接踩過狼族士兵，然後是第 3 組、第 4 組、第 5 組⋯⋯。

當 1 萬 3,000 多隻羊踩過一輪時，遍地都是狼族士兵的屍體。重裝鎧甲非但擋不住羊族踐踏的威力，反而妨礙了狼族士兵站起來，甚至逃走。死傷慘重的警備大隊，因為裝備太過精良，而降低了狼族最引以為傲的機動性，近乎全滅。

羊角根本刺不穿鎧甲，肥羊沒傻到認為能夠用羊角刺穿

註 1：一把劍的長度為 100 公分，為求最大攻擊效果，會直接往前突刺，攻擊範圍很小，因此只能殺死 1 隻羊。電視上常見的漂亮橫劈動作，攻擊範圍很大，但實際上的殺傷力呢？非常弱，連鎧甲都無法刺穿。而且劍的側面非常脆弱，照電視上那種亂劈亂砍的做法，應該沒多久，劍就會被砍斷了。這也是周杰倫拍電影《滿城盡帶黃金甲》時，打斷上千把刀劍的原因。刀劍不堅固是第一個原因，劈砍的方向錯誤則是第 2 個原因。永遠要用劍的尖端攻擊敵人，而不是用側面砍，否則你會連鎧甲都刺不穿，耍帥和現實有很大的差距。

鎧甲，那肥羊為何還要這麼說呢？主要是為了騙羊群。肥羊總不能說：「我們的武器不是羊角，而是各位的身體，用各位的身體去擋住狼族的長劍吧。」這樣講鐵定被羊群當成瘋子。

　　肥羊之所以要把 10 隻羊綁在一起，是為了不讓牠們逃走，10 隻羊綁在一起，機動性變差，只能一起往前全速衝刺而已。用全速衝刺的威力撞倒狼族士兵，然後再把牠們活活踩死。

　　狼族的重裝鎧甲看起來好像很堅固，其實被 1 萬 3,000 多隻羊踩過之後，也只剩下屍體而已。重點不在我軍傷亡多少，而是我軍傷亡的同時，能夠順便帶走多少敵人。羊群可以承受狼群 10 劍的攻擊，而狼群不能抵禦羊群雙腳的踐踏。反正羊比狼多，耗死狼群，肥羊充分發揮了消耗戰的精神。

●━◆━●━◆━●━◆━●━◆━●━◆━●━◆━●━◆━●━◆━●

　　肥羊流派將資金視為消耗戰的環節，也就是說這些資金，統統都是拿出去送死的。只要消耗資金的同時，能夠拿回

躺著賺\￥400萬的肥羊養股術

股票就行了。因此炒股到底賠了多少錢，並不重要；炒股能夠拿回多少股票，才是重點。

　　用資金一波波地進行轟炸，這就是本流派的基本精神。以無窮盡的資金，無窮盡地買股票，只要公司不倒，賺錢是必然。至於前幾波的資金攻擊就賠錢吧，打勝仗總得死幾隻羊的。本流派和其他長期投資流派最大的差別在於「肥羊派波浪理論」，我帶大家重新複習一下：

標準型》以 5% 價格漲跌，賣買 5% 股票數量

　　股價每漲 5%，賣 5% 股票數量；股價每跌 5%，買 5% 股票數量。我們以股價 20 元，買進 20 張中信金為例，共投入資金 40 萬元（＝ 20×20×1,000，詳見表 1）。

　　隨著股價的漲跌，我們不斷進行賣出和買進。這樣的好處是我們確實獲得利潤，不會被人說：「長期投資什麼都沒賺到。」每完成 1 次中信金的買和賣（共 2 次交易），就可以獲得約 1,000 元的利潤（20 元買 1 張，21 元賣 1 張，利潤是 1,000 元，2 萬 1,000 － 2 萬＝ 1,000）。

1 年如果買和賣 2 次（共 4 次交易），就能獲利約 2,000
元。當然如果價格不斷下跌，買和賣之間的利潤也會減少。

如果中信金的現金股利是 1 元，長期投資者每年可以獲
得 2 萬元（＝ 1×20×1,000），5%（＝ 2 萬÷40 萬）
的利潤。我們透過標準型肥羊派波浪理論則是獲得 2 萬
2,000 元（＝ 2 萬＋2,000），5.5%（＝ 2 萬 2,000÷40
萬）的利潤，硬是比長期投資者的利潤多了 0.5 個百分點。
因此以標準型肥羊派波浪理論來買股票，績效會比長期投
資再來得好一點，如果只看 10 年內的話。

但我必須先說清楚，要採用標準型肥羊派波浪理論至少
需要 20 張股票。如果你沒有能力買到 20 張股票，還是單
純長期投資就可以了，不用去賣股票。畢竟標準型肥羊派
波浪理論，每年也只比長期投資多賺 0.5 個百分點左右，
沒必要勉強。

頻繁型》以 2.5% 價格漲跌，賣買 2.5% 股票數量

股價每漲 2.5%，賣 2.5% 股票數量；股價每跌 2.5%，

躺著賺 1 億 400 萬的肥羊養股術

表1 若持有20張股票，股價漲5%即賣1張
──標準型肥羊派波浪理論

假設中信金股價從20元漲至25.5元後，回跌至15.5元：

股價（元）	買進／賣出張數	總持有張數
20.00	買進20張	20張
21.00	賣出1張	19張
22.05	賣出1張	18張
23.15	賣出1張	17張
24.30	賣出1張	16張
25.50	賣出1張	15張
24.30	買進1張	16張
23.15	買進1張	17張
22.05	買進1張	18張
21.00	買進1張	19張
20.00	買進1張	20張
19.00	買進1張	21張
18.05	買進1張	22張
17.15	買進1張	23張
16.30	買進1張	24張
15.50	買進1張	25張

買 2.5% 股票數量。我們以股價 20 元，買進 40 張中信金為例，共投入資金 80 萬元（＝ 20×40×1,000，詳見表 2）。

我們可以看到以 2.5% 價格漲跌來進行賣買，即使是小波動也能夠進行買賣，可以有效增加交易次數和短線價差利潤。但股票張數會增加到 40 張，交易成本增加 1 倍，有好有壞。

永久型》以 2.5% 價格漲跌，賣買 1% 股票數量

標準型肥羊派波浪理論和頻繁型肥羊派波浪理論其實都是在做短線價差，並沒有考慮過長期投資的部分。因此，接下來我們將考慮到長期投資的問題，也就是資金 40% 以下的股票進行永久型肥羊派波浪理論，60% 以上的股票長期投資。

永久型肥羊派波浪理論需要 100 張的股票，交易成本更高，沒有一定財力的人做不到。操作方式是股價每漲 2.5%，賣 1% 股票數量；股價每跌 2.5%，買 1% 股票數量（上一版永久型股價漲跌是以 5% 計算，但 2019 年改成以 2.5% 計算）。我們以股價 20 元，買 100 張中信金為例，共投入資金 200 萬元（＝ 20×100×1,000，詳見表 3）。

表2 若持有40張股票，股價漲2.5%即賣1張
──頻繁型肥羊派波浪理論

假設中信金股價從20元漲至25.5元後，回跌至15.5元：

股價（元）	買進／賣出張數	總持有張數
20.00	買進40張	40張
20.50	賣出1張	39張
⋮	⋮	⋮
23.70	賣出1張	33張
24.30	賣出1張	32張
24.90	賣出1張	31張
25.50	賣出1張	30張
24.90	買進1張	31張
24.30	買進1張	32張
23.70	買進1張	33張
23.15	買進1張	34張
22.60	買進1張	35張
⋮	⋮	⋮
17.15	買進1張	46張
16.70	買進1張	47張
16.30	買進1張	48張
15.90	買進1張	49張
15.50	買進1張	50張

前面總共介紹 3 種肥羊派波浪理論，但並沒有強硬規定你該採取哪種理論。本書大部分是以標準型肥羊派波浪理論進行討論，這是最適合初學者的理論；喜歡做價差的人，可以採用頻繁型肥羊派波浪理論；喜歡長期投資的人，可以用永久型肥羊派波浪理論，本肥羊也是採取永久型肥羊派波浪理論。

無論你是採用標準型、頻繁型或永久型的肥羊派波浪理論，所有股票交易價位都是自由的，不是說我講 20.5 元賣 1 張，你就得在 20.5 元賣 1 張。你開心在 20.4 元賣，或 20.6 元賣都可以，這只是一個參考價位而已，沒人逼你要照做。

不要試圖去預測股票的價位，只需要知道什麼樣的價位，該做什麼樣的事情就好，雖說是非常機械化的操作，但一切都是自由的。肥羊派波浪理論如果把價差壓到 1%，其實就是當沖了。那可以做 1% 價差的肥羊派波浪理論嗎？其實也是可以的，但不建議這樣搞。操作愈是頻繁的肥羊派波浪理論，愈是會付出高昂的手續費和證交稅，本肥羊建議，價差至少要控制在 2% 以上。

表3 若有100張股票，股價漲2.5%即賣1張
──永久型肥羊派波浪理論

假設中信金股價從20元漲至25.5元後，回跌至15.5元：

股價（元）	買進／賣出張數	總持有張數
20.00	買進100張	100張
20.50	賣出1張	99張
⋮	⋮	⋮
23.70	賣出1張	93張
24.30	賣出1張	92張
24.90	賣出1張	91張
25.50	賣出1張	90張
24.90	買進1張	91張
24.30	買進1張	92張
23.70	買進1張	93張
⋮	⋮	⋮
18.05	買進1張	104張
17.60	買進1張	105張
17.15	買進1張	106張
16.70	買進1張	107張
16.30	買進1張	108張
15.90	買進1張	109張
15.50	買進1張	110張

肥羊派波浪理論其實就是短線投機派思考的理論，本肥羊把短線投機的理論，拿來當作長期投資用，非常不倫不類，但很實用。所以別再說本肥羊是長期投資派，然後拿長期投資派的理論套用在本肥羊身上，我不是長期投資派，我只是看起來比較像長期投資派而已。

另外，經常有很多人問：「如果肥羊以前投資的股票只買不賣的話，現在能夠賺多少？」我都會告訴他們：「獲利應該會再翻上一倍吧。」也就是說，長期投資 20 年，會賺得比玩標準型肥羊派波浪理論 20 年，還要多出 1 倍的利潤。

就是因為肥羊以前玩標準型肥羊派波浪理論的種種問題點，才會推出永久型肥羊派波浪理論。從 2017 年起，實際上只操作了中信金 2 年多的永久型肥羊派波浪理論而已，距離「永久」兩個字還很遙遠。因此永久型肥羊派波浪理論的長期追蹤和效果，一切都是猜測的。

肥羊派波浪理論只是我單純個人的嗜好而已，不代表你一定要這麼做，你也可以選擇單純長期投資就好。肥羊

利用標準型肥羊派波浪理論炒作玉山金（2884）、中鋼
（2002）、台塑（1301）和中華電（2412），獲利是
458 萬元。如果我單純長期投資的話，這 4 檔股票的獲利
大約在 1,050 萬元。

究竟是肥羊派波浪理論賺得多，還是長期投資賺得多？
我個人認為是長期投資比較好賺，肥羊派波浪理論只是我
個人的一點惡劣興趣而已。無關乎賺錢，單純好玩罷了。

肥羊派波浪理論還有一個很現實的問題點，股票一旦賣
了，就很難再買回去。所以股票會從 20 張中信金，變成
15 張中信金，然後是 10 張，5 張，最後是 0 張。你會確
確實實地從肥羊派波浪理論賺到錢，但問題是你的股票蒸
發了，你沒有辦法再繼續進行後續的股票操作。所以我常
說股票必須要買到一定的數量，否則沒辦法進行肥羊派波
浪理論。

我認為肥羊派波浪理論其實是很適合散戶操作的，因為
你有進行股票買賣，你會比較安心。畢竟你確確實實地從
股票操作中賺到錢，現金才是王道。而長期投資 1 年才領

一次錢，家裡都快破產了，現金股利還沒下來。長期投資對一般人而言，實在是很難做到，有進有出的肥羊派波浪理論，對一般人而言，可行多了。

長期投資還有另一個問題點：你沒辦法克服股票漲跌的心理衝擊。所謂的不動如山，這只有死人能做得到。肥羊派波浪理論進進出出，可安撫一下散戶脆弱的心靈。畢竟你有在操作股票，不是單純的套牢而已，心情上會好很多。

我通常都會建議散戶，先買個 20 張中信金，畢竟也才 44 萬元而已，不難。你就先操作股票看看，累積點經驗，以後才知道大漲和大跌怎麼處理。不買股票、單純看戲，不可能學會任何事情的。

其實無論是長期投資或是肥羊派波浪理論，都必須以大規模的資金來操作，才能發揮出最大效應。本肥羊認定至少要總資產 50% 以上的資金，或者 300 萬元的資金來炒股會比較好。

以現金殖利率 5% 來計算，投入 300 萬元的資金，1 年

大約可以獲得 15 萬元的現金股利（＝ 300 萬 ×5%），相當於每個月加薪 1 萬 2,500 元（＝ 15 萬 ÷12），這樣炒股起來會比較有感覺。如果只拿 30 萬元來炒股，每年才領 1 萬 5,000 元（＝ 30 萬 ×5%），換算下來，1 個月只多出 1,250 元，還真的是沒什麼感覺。然而不管怎樣，至少你肯拿 30 萬元來炒股，總是贏過那些只看戲不炒股的人。

炒股賺的不只是金錢而已，「經驗」也是炒股的重要利潤。通常我不會逼人拿出很多錢來炒股，畢竟不是每個人都能夠承受股票漲跌的衝擊。你只要拿出你能承受的金錢就好，不要讓自己承受太大的心理壓力，晚上睡得著覺很重要。

虧損理論》虧損 ＞ 10%，每月買 5% 股票數量

看完肥羊派波浪理論，接著來看虧損理論，由於上一本《完整公開交易紀錄的肥羊養股術》裡提到的虧損理論太過複雜，很多人反映看不懂，因此本肥羊直接簡化：「凡是成本價虧損超過 10%，每個月購買 5% 股票數量。」

以股價 20 元，擁有 100 張中信金來講，當股價低於 18 元，且持續 1 個月股價都未漲到 18 元以上時，除了遵循肥羊派波浪理論持續買進股票以外，每個月都必須額外購買 5 張中信金。

　　以永久型肥羊派波浪理論搭配虧損理論為例，當中信金股價從 20 元漲至 25.5 元後，回跌至 15.5 元，又漲回 17.6 元時，總持有張數為 155 張（詳見表 4）。

　　當股價來到 17.15 元時，由於我們先前已經投入 290 萬 8,950 元，買了 155 張中信金，此時成本已經壓低至 18.77 元。若是以虧損超過 10% 來看的話，價格至少要低於 16.89 元。17.15 元很明顯地價格比 16.89 元高，所以我們不買進。當然如果你打算在 17.15 元大舉投資中信金，也是可以的。公式只是供你參考而已，不是說你一定得這樣做。

　　還有，當股票價格從 15.5 元反彈至 17.6 元時，我們並沒有賣掉任何 1 張股票。這是因為肥羊派波浪理論不會在低於總成本的狀況下，賣掉任何 1 張股票，這很重要（以

躺著賺\
400 萬的肥羊養股術

表4 若持有104張，股價跌10%即每月買5張 ——虧損理論

假設中信金股價從20元漲至25.5元後，回跌至15.5元，又漲回17.6元。延續表3的範例，若以永久型肥羊派波浪理論來看，當股價為18.05元時，總持有張數為104張：

股價（元）	肥羊派波浪理論 買進／賣出張數	虧損理論 買進張數	總持有張數
18.05	買進1張	0張	104張
17.60	買進1張	5張	110張
17.15	買進1張	5張	116張
16.70	買進1張	5張	122張
16.30	買進1張	5張	128張
15.90	買進1張	5張	134張
15.50	買進1張	5張	140張
15.90	買進0張	5張	145張
16.30	買進0張	5張	150張
16.70	買進0張	5張	155張
17.15	買進0張	0張	155張
17.60	買進0張	0張	155張

註：1.當股價從15.5元反彈至17.6元時，根據肥羊派波浪理論，由於此段價格低於成本價，故不會賣掉任何1張股票；2.當股價從16.7元反彈至17.6元時，根據虧損理論，原本應該要買進股票5張，但因為此時成本壓低至18.77元，虧損還未超過10%，也就是16.89元，所以不買進；3.以上的價格區間，都是假設持續1個月，現實價格當然不可能如此理想，請自行調整

最後擁有的 155 張來說，總成本就是指 18.77 元）。

當然，你可能操作到一半就沒錢了，沒關係，存股就好。反正等現金股利下來，你就會有錢繼續買股票，不急。你不會因為睡太久，錯過一次日出後，就再也看不到日出。只要你願意，日出隨時隨地會等著你。只有廢人才會說他失去了機會，有能力的人，任何時候都能看得到機會。

躺著賺
400 萬的肥羊養股術

Chapter 09

野心篇》先打好基本功
新手才能增加投資勝率

　　肥羊之亂時，狼王親率 3,000 狼族追擊肥羊，警備大隊隊長手吊著繃帶，全身是傷地走進大本營。

　　隊長：死傷近 300 隻，讓肥羊逃走了。

　　貴族：死傷近 300 隻！你的警備大隊總數也才 326 隻狼，那不就是幾乎全滅嗎？你這大隊長怎麼幹的？

　　隊長：說得自己很厲害一樣，你這位貴族親手殺過羊嗎？

　　狼王：統統給我閉嘴。狼貴族，你就抓隻羊給大隊長看

看。傳令全軍，脫下鎧甲，拋棄輜重，每隻狼攜帶 3 天份糧食，輕裝追擊，一定要在鱷魚河前攔住肥羊。

然而，當狼王抵達鱷魚河時，肥羊早就逃得無影無蹤了。沒有立下任何戰功的狼貴族，自行穿越榕樹橋要塞南下。經過中央大草原時，看到幾隻瘦小虛弱的貧窮羊，狼貴族露出極為不屑的表情，什麼都沒做就離開了。

狼貴族一路往南走到劍羊關附近時，發現一隻身材高大、雙角又尖又長的劍羊族。狼貴族決定抓這隻體格特別好的劍羊，給大隊長瞧瞧。狼貴族一直埋伏著，等四下無羊之時，跳出來要撲殺劍羊，結果被劍羊用利角刺穿肚子而死。

❧•◦•❧•◦•❧•◦•❧•◦•❧•◦•❧•◦•❧•◦•❧

狼貴族第一次殺羊，不挑瘦小虛弱的貧窮羊，卻挑身材高大的劍羊，才會導致自己的死亡。野心太大、能力太差，就是狼貴族死亡的原因，活該死好。我看過很多人炒股賠錢，都是因為短線投機賠錢，我勸他們改做長期投資，他們都不想賺那點只比定存高的錢。沒有能力、又想發大財的人，賠錢完全不值得同情。你的野心再大，也不值得絲

毫尊敬。無法匹配自身能力的野心，不過是單純的送死行為而已。

今天大家都只是沒經驗的菜鳥而已，所以我也只對大家施予菜鳥教育罷了。想要更複雜的高手教育，去找別人，我這裡沒有更深入的進階課程。別的作者在寫書時會愈寫愈難，從簡單的長期投資，講解到複雜的短線投機。我們肥羊派不搞這玩意，本流派的書只會愈寫愈簡單。如果有一天，本書簡單到連小學生都能夠拿來實戰，連幼稚園都知道肥羊派炒股的原理，那就是成功了。

別的流派每次出書時，都會提出一個新觀念，我們流派永遠只提倡一個舊觀念。肥羊派永遠不會提出新觀念，第2本書的內容絕對是承襲自第1本書，可能會做一些修正，但兩本書的內容，本質上是一樣的。別的流派每次出書時都會介紹1檔新股票，我們流派永遠是舊股票，第1本書是中信金（2891），第2本書是中信金，第3本書應該99%還會是中信金，保留1%作為未來的不確定性。

我只是試著去解釋本流派的基本觀念而已，一個觀念解

釋 100 遍。我不希望各位只是嘴巴說懂而已，我希望各位
是真的懂，了解到深入骨頭裡，連夢話都能說出完整的肥
羊理論。如果本流派有太複雜的地方，我會去簡化內容。
我的目標是教導每一個人學會本流派的思維，哪怕這個人
只是小學生。只要小學生願意學，我會把他教到懂為止。

我們沒有複雜的學問，不會跟你談什麼 K 線和布林通道，
也不會問你為何不懂這麼基本的股票知識。這本書有任何
你不懂的地方，那就是本肥羊的錯，我會努力教到你懂為
止。其他人寫書都愈寫愈難，把一個簡單的觀念愈寫愈複
雜，他們為何不乾脆拿高等微積分來教讀者算了？

本肥羊永遠只談最基本的加減乘除而已，因為各位也只
聽得懂加減乘除。我不相信有人能夠學會那些股市名師的
複雜學問，這群股市名師到底是想教導讀者學會炒股，還
是想困惑這些讀者？我實在是很懷疑這些人的用心。

台灣的股票雜誌很多，股票書籍也很多，將這些雜誌和
書籍合計，每年至少有百萬本以上的銷售量。而台灣實際
有在交易股票的人數為 300 萬人左右，也就是說，每 3 個

炒股的人之中，至少有 1 個人每年買 1 本股票相關書籍。他們看完書後賺到錢了嗎？沒有，當然沒有賺到錢，否則台灣每個人光靠看書炒股就能發財了。

換句話說，光靠看書是不可能炒股賺到錢的。這是因為讀者只是自認為懂作者的觀念，實際上，讀者根本完全都不懂。為了滿足這群不懂裝懂的讀者，作家必須不停地提出新觀念。否則讀者會認為，第 2 本書和第 1 本書內容一樣，那我還買第 2 本書做啥？又不是傻了。

就是有這群不懂裝懂，每天求知、求新的讀者，才會導致作家不停修正自己的炒股理論，來讓書籍暢銷。像是有些人第 1 本書是長期投資，最新出版的書竟然在講解短線投機，兩本書的內容和做法完全不同。這位作家可真是學問博大精深啊，不知道有沒有人看過這位作家的交易紀錄？實在是非常好奇。

其實真正最重要的觀念，永遠都是那幾樣，但最基本的觀念，總是沒人願意去強調。大家只想學習新知識，這樣看起來才會又酷又炫。每一位作者，都應該要認真地向讀

者解釋自己的觀念,一而再,再而三,同樣的觀念不停地重複教導,這樣才能夠讓讀者學到最重要的觀念。

當然也有可能讀者什麼都沒學到,只學到了炒股能夠發財而已。這是讀者資質太過低落的關係,不是作家的錯。這時身為一名作家,就該放手讓讀者去送死。這世上不是每個人都能夠教育的,只有能夠教育的人,才有辦法教育;不能夠教育的人,永遠無法教育,踢出師門是最好的做法。

短線、融資不適合投資新手

我認識很多網友,他們第 1 句話都是問我:「如何 1 年賺 20% ～ 50% ?」我都請他們去找別的股市名師研究。在股市裡面最容易賺錢的,就是短線投機。因此討論短線投機的書本也最多,所謂的「看懂線圖就能賺幾千萬元」,這麼好賺的話,這些作者現在肯定都當上台灣首富了。

短線投機是非常難的技巧,因此我從不討論,也不喜歡別人討論,這不是一個初學者應該學的東西。初學者應該學習的是,如何找些大到不能倒的公司,長期投資,穩穩

地賺錢，累積股市經驗。如果你是高手的話，去找別的老師討論，別煩我。不要浪費大家彼此的時間，本肥羊就只想教育菜鳥而已。

小蝶沒錢長期投資中信金，於是她決定向銀行借錢投資。

肥羊：如果中信金股價腰斬呢？

小蝶：價格腰斬沒關係，我拿中信金的 5% 現金股利，來付 2% 銀行利息，怎麼算都賺 3 個百分點，穩當的啦。

肥羊：如果中信金配不出現金股利呢？你拿啥去付銀行利息？

小蝶：可是外面的老師都推薦我們借錢炒股票，還說這樣做很好賺。

肥羊：中信金配不出現金股利的機率大約只有 6%（考慮過往 17 年中信金配發現金股利的歷史，僅 1 年未配發現金股利，$1 \div 17 \times 100\% = 6\%$），中信金能配出現金股利的

機率有 94%（＝ 1 － 6%）。你如果去翻中信金的歷史就會發現，中信金在 2006 年每股稅後盈餘（EPS）虧損 1.46 元，所以 2007 年沒有配發任何現金股利。由於中信金配發現金股利的機率高達 94%，因此外面的老師會認為借錢投資中信金，穩賺不賠，因為勝率高達 94%。但小蝶我只問你一句話：「如果 2006 年的歷史再度重演，小蝶你拿啥去還銀行利息？」

小蝶：機率才 6% 而已，沒這麼帶衰吧。

肥羊：只要機率不是 0，那就是一定會發生，這叫做「帶衰定律」。對股市名師而言，他勸你們去賭這 94% 的勝率，賭贏了，股市名師功成名就；賭輸了，反正是小蝶你的錢，股市名師沒有任何損失。但小蝶你不同，你賭的是自己的錢，不是別人的錢。賭輸了，你就只能當酒家女還債囉。

今天如果要賭別人的命，我也很厲害啊。我可以叫所有人去買新光金（2888），股價才 10 元（2019 年 11 月 21 日收盤價），這 2 年每股稅後盈餘（EPS）都很不錯（2017 年 1.05 元，2018 年 0.89 元），今年（2019

年）前3季EPS大約1.55元，怎麼算，本益比都不過6.5倍左右（＝10÷1.55），長期投資穩賺的啦。在賭別人命的情況下，我會推薦新光金。但如果要賭我自己的命，抱歉，我不碰新光金。公司獲利起伏太大、現金股利太少，這在一開始就直接刷掉了。

我永遠只會向別人推薦我敢買的股票，我不敢買的股票，我不會去推薦。所以肥羊流派炒股不會大賺，因為只買又大又穩的公司而已。很多股市名師都會推薦很激進的做法：「借錢炒股」「本益比30倍的成長股。」什麼樣的鬼話，都說得出口。我只想問一件事情：「這些股市名師自己有買股票嗎？有人看過這些股市名師的交易紀錄嗎？」如果連股市名師都不敢拿出自己的交易紀錄，那你為何敢買這些股票？你可真是帶種啊。

散戶可以冒險炒股嗎？當然可以，但你必須清楚冒險失敗的後果。只有在你願意承擔失敗的後果時，你才可以冒險。就像小蝶一樣，借錢炒中信金可以嗎？當然可以啊，只要小蝶失敗後，願意去當酒家女就行了，這沒關係的。問題在於小蝶想借錢炒股，失敗又不肯當酒家女，這才是

問題的關鍵點啊。勇於冒險卻不敢承擔後果，這就是散戶無能的地方。

　　為何滿街都是卡奴呢？敢刷卡消費購物卻不敢付錢，還幻想這樣躲起來就能解決問題。這些人實在是太天真了，當一輩子的卡奴活該死好，完全不值得同情。如果你是勇於冒險的人，你不只可以跟銀行借錢，你還可以融資。以4倍的槓桿，將中信金的5%利潤，放大至20%。每年炒股獲利20%，就是這麼簡單，前提是你不會賠錢。

　　金融市場是自由的，你要將所有資金一次梭哈，跟銀行借錢炒股，融資、融券，甚至玩期貨，都可以，只要你能承擔起後果就行了。如果你沒這個膽識，千萬別冒這個險。

　　還有別說大話，因為我知道你之所以說想借錢投資，不過是想震驚肥羊，讓我覺得你很帶種而已。我不會因為一個人說明天要借1,000萬元買中信金而感到震驚，因為明天還沒來到。我只會因為這個人今天已經借了1,000萬元買中信金，而感到震驚。只有廢物才會說自己想要怎樣，有能力的人都是直接做。

Chapter **10**

新聞篇》拒看假消息
以免影響判斷力

肥羊占據火山要塞時，一群自稱爲「原住民」的火山羊群，派出了使者團，要求談判。

代表：我們原本就住在這裡，因爲火山爆發，才逃去東方山脈投靠蓄羊族。現在你旣然已經占據了這裡，我們願意尊奉您爲王，希望大家能一起開墾整座火山。

肥羊：你們都已經離開火山，就沒必要回來。靠綿羊族的力量，就足以開墾整座火山，不需要你們的幫忙。

代表：我們願意駐紮在山腳下，當狼族前來時，我們會

吹響號角，通知你們，大家共同抵禦狼族。

　　肥羊：抵禦狼族是綿羊族的事情，不用麻煩閣下費心。整座火山都是綿羊族的領土，山腳下不允許你們駐紮。

　　代表：我希望大家都能和平相處，彼此都是羊族，不要爆發戰爭。東方山脈的蕃羊族和我們交情很好，兩邊同時開戰，綿羊族撐不住的。

　　肥羊：能不能撐住火山羊和蕃羊族的攻勢，是我綿羊族的問題。不過既然你想打仗，我就告訴你何謂戰爭。

　　肥羊將手中玻璃杯用力地摔到地上，數十名衛兵立刻衝進來，刺殺了使者團。肥羊將代表團的幾顆羊頭，丟到城外的火山羊群中，火山羊群大驚，四散逃命。肥羊交代城門嚴密警備，然而火山羊群並沒有打過來，蕃羊族也沒有發起戰爭，一切是如此平靜。

　　●━•━•━◆━•━•━◆━•━•━◆━•━•━◆━•━•━◆━•━

　　從一開始，肥羊就沒打算和火山羊談，牠只想殺了這幾

名代表。但肥羊崇尚「正當殺羊」的理念，因此不打算採取主動。肥羊之所以願意和火山羊談判，單純只是為了從言語中找到藉口，殺光代表團而已。火山羊代表團也沒打算打仗，牠們只是想嚇嚇肥羊，然後被肥羊以戰爭作為藉口，全殺了。在這一場談判裡面，雙方都在說謊。決定勝負的關鍵只有一個：誰比較帶種，誰就贏了。肥羊做好了戰爭的準備，但火山羊沒有，所以肥羊獲勝。

所有的新聞都是謊言，破解謊言的方法只有一個，夠帶種就行了。下面我們來實際研究幾則假新聞：

假新聞 1》
中信金（2891）2019 年 6 月營收衰退 56.49%

有人會說這一則新聞不是假的，因為是中信金自己的公告。但為何我們還說這是假新聞呢？主要在於這一則新聞的打擊面。

「營收衰退 56.49%」這相當於整家公司的業績腰斬，許多人會認為肯定是出了什麼問題，於是就會有人賣掉中信金，造成股價下跌。股價下跌，又導致大家懷疑中信金

躺著賺
\ 400 萬的肥羊養股術

真的出了什麼問題──「肯定是主力知道什麼內線，才賣掉股票。」更進一步打擊中信金的股價。

　　其實呢，什麼問題都沒有，單純只是中信金 6 月營收大幅衰退而已。事後中信金 2019 年前 10 月的稅後盈餘大幅上揚，根本什麼事情都沒有發生，一堆散戶自己嚇自己。

假新聞 2》
中信金 2015 年出售前總部大樓發生弊案，遭到檢方調查

　　這也是假新聞。現在都 2019 年了，2015 年發生的弊案，與現在何干呢？但就是會有一堆人高喊中信金弊案重重，內部控管有問題，不能持有。方法一樣，別理他們。金融業最多的就是弊案，每次弊案的規模都是百億元起跳，永遠都是新聞頭條。這也是大家不喜歡金融股的原因，誰會希望自己的股票，天天因為弊案上新聞頭條？

　　事實上，林子大了，什麼樣的鳥都有；人多了，白痴就會數不完。大公司天天上新聞是很正常的，玉山金（2884）的理財專員，也是有幾個人因為貪汙被抓去關，玉山金的股價還不是天天上漲？這說明了爆發弊案和股票價格沒關

係，不要自己嚇自己。

假新聞 3》
新的國際會計準則 IFRS 17，將導致保險業者數年內沒有起色

　　這也是假新聞。IFRS 17 不過是國際標準會計原則而已，簡單來說，就是記帳的方式改變罷了。一家公司不可能因為記帳方式改變，從大賺變成大賠。至於資本額不足的問題，現金增資就是了，其實對公司沒有任何影響的。然而，大家都覺得 IFRS 17 會導致保險業者損失幾千億元，真不知依據何在？

　　最重要的是，台灣還沒有實行 IFRS 17，金管會也沒正式公布實行日期，預定是 2025 年，但還沒確定。距離現在（2019 年 11 月），至少有 6 年的時間可以做準備，一堆人就在怕得半死，到底在怕啥呢？處理方法還是一樣，別理他們。

假新聞 4》
金管會主委表示，2020 年壽險責任準備金利率調降。

壽險業者推估，保費至少漲 5% ～ 10%，尤其是儲蓄險，保費可能漲 10% ～ 20% 不等

這則新聞對保險業到底有什麼打擊呢？保費調漲是件好事，保險業可以賺到更多的錢啊。儲蓄險如果賣不掉，可以改賣投資型保險，辦法是人想出來的。很多人都罵金管會主委，認為他存心消滅保險業。本肥羊認為金管會主委根本超挺保險業的，他禁止保險業彼此間削價競爭，可以有效擴大保險業的全體利潤。衝著金管會主委的所作所為，本肥羊會推薦保險業給所有人。

假新聞 5》
美中互課關稅，將會爆發全面貿易戰爭

要課就去課吧，產業鏈想要逃離中國，就逃離中國吧。這根本就沒啥，台灣在 1986 年，也被美國以《301 條款》惡搞過。30 幾年過去了，至今台灣還是活得很好啊。一個產業如果禁不起貿易戰的打擊，只能說這個產業本身就要被淘汰了。

至於中國會不會因為貿易戰，而陷入大規模經濟衰退呢？有空替中國煩惱，還不如先煩惱台灣會不會陷入經濟衰退？

不用替習近平憂慮，反正你也不是中共中央總書記，照常睡覺即可。

而且，今天美國會對中國課關稅，就會對歐盟課關稅，然後是日本、南韓，任何占到美國便宜的國家，都會被課關稅。產業逃離中國後，要去越南和印度，難道越南和印度就不會被美國課關稅嗎？逃不掉的。適者生存，不適者淘汰。發動貿易戰是美國的一貫做法，總統川普（Donald Trump）不是第一個發動貿易戰的，也絕不會是最後一個。

假新聞 6》
2019 年股市將會陷入大規模崩盤

這個崩盤口號從 2016 年就開始喊，到現在（2019 年年底）喊快 4 年了，還沒崩盤。我想他們再繼續喊 4 年，2024 年應該就會崩盤了。還不行的話，就繼續喊到 2032 年，總有一天會崩盤的。老話一句，如果真的會崩盤，你現在立刻去放空，保證你賺大錢，還需要每天喊崩盤丟人現眼嗎？

從 2016 年喊崩盤一直崩到現在，股市都破 1 萬 2,000

點了（2019 年 12 月 17 日收在 1 萬 2,097.01 點）。崩盤還真是愈崩愈高，屢次崩盤，屢創新高。希望這些喊崩盤放空的人，還沒被逼到破產上吊。人蠢成這樣，真是可悲啊。下次如果你聽到有人喊崩盤，麻煩大聲地譏笑他，「長這麼大，沒看過這麼呆的散戶。」

假新聞 7》
股神巴菲特（Warren Buffett）名言：「眾人恐懼時，我貪婪；眾人貪婪時，我恐懼（詳見註 1）。」

這也是假新聞。長期投資界只有本肥羊敢說巴菲特的名言是假新聞，其他人聽到巴菲特都跪了。這句話最大的問題點在於「眾人貪婪」裡的眾人，指的是誰？擦鞋童嗎？台灣有擦鞋童嗎？還是指理髮廳的老闆呢？我認識一個理頭髮的，他炒股 30 幾年了，誰規定理頭髮的人不能炒股票？如果是指從未炒過股票的人，我身旁有 2 個從未炒股票的護士，在我的指導之下，進場炒股票 2 年，那是不是應該要崩盤 2 年了？

註 1：此句原文為 Be fearful when others are Greedy, and greedy when others are fearful.

從上一次（2008年金融海嘯）崩盤至今，將近12年了。如果以8年崩盤1次來計算，人們早就過度貪婪4年，請問何時要崩盤呢？巴菲特的名言聽起來非常合理，但實際操作上，沒有任何意義可言。這句話應該改為「眾人恐懼時，我貪婪；眾人貪婪時，我袖手旁觀。」既然無法預知何時會崩盤，那麼所有人都貪婪時，我袖手旁觀才正確。我不進場，但也不退場，我將現金股利抽出等待時機，這才是最妥當的做法。

市場上總是會出現許多的假新聞，別理它。不用去考察新聞是真是假，回家安靜地睡覺就可以。地球不會因為誰死亡而停止運轉，公司也不會因為幾個假新聞就倒閉，除非這家公司本來就快倒了。面對假新聞時，你唯一需要做的事情，就是什麼都不做。

如果這則新聞已經嚴重到影響股票價格時，你非但不應該賣出股票，反而應該買進股票，這就是所謂的災難時進場。我就推薦所有人買進國泰金（2882）和富邦金（2881），因為這兩家公司已經受到假新聞很嚴重的打壓，是時候買進了。把新聞倒過來看，你將會看到另一個完全

不同的世界。

　　小蝶看新聞，上面寫「法人指出，日月光投控（3711）、正新（2105）等 13 檔股票面面俱到，進可攻，退可守」。於是小蝶決定購買日月光和正新。

　　肥羊：你要買日月光和正新，我是沒意見啦。我只想知道這是誰的主意？

　　小蝶：你沒看報紙嗎？上面寫法人說的。

　　肥羊：所以是哪一個法人？花旗、美林，還是瑞信呢？

　　小蝶：我不知道，但報紙總不可能亂寫吧？

　　肥羊：台灣報紙就是亂寫。從小到大，我看了 40 幾年中國會打過來的新聞，到現在中國還沒打過來。台灣從阿扁（詳見註 2）廢核四時，就喊說會缺電，20 年過去了，還

註 2：編按：指前總統陳水扁。

沒缺電。你倒是告訴我,報紙寫的新聞,哪裡可以信了?

小蝶:所以日月光和正新,可不可以買?

肥羊:那你得先知道,究竟是誰說日月光和正新可以買?知道是誰說的,我們才能去追查這個人的信用紀錄,然後研究這家公司可不可以買。

台灣報紙水準真的很差,「法人說的」,這個法人是指誰?沒寫,然後這樣也能當成新聞寫出來。那如果之後日月光和正新操作出現問題,到底要問誰呢?本肥羊試著去追蹤這篇新聞是誰發的,竟然沒有記者的名字,真是好個馬路謠言,死無對證啊。

我後來再看了另一篇報導寫,「專家認為,由於生技醫療類股較不受貿易戰所影響,因此,在市場波動度加劇時,相對具抗跌性,可挑選營收、獲利成長者,像是大學光(3218)、藥華藥(6446)等15檔生醫股。」一樣沒有說是哪個專家、哪個記者。這些新聞連消息來源都不敢說清楚,然後就大肆推薦,你覺得這些新聞能信嗎?

　　台灣的新聞就是股市動亂之源，不要去看這些新聞，浪費時間，擾亂心神，影響你的判斷力。你只需要注意公司的營收、稅後盈餘年增長率、每股稅後盈餘（EPS）、現金股利，這樣就可以了。剩下的不需要去知道，也沒必要知道，無知是最大的幸福。

Chapter 11

謠言篇》專注1種投資流派 交易紀錄才是最佳實證

農夫羊在種草時，發現了幾隻狼的蹤影，立刻跑回火山要塞，向肥羊報告。肥羊表示，將會派羊前注調查，並且再三告誡農夫羊，絕不可向任何羊提起此事；否則就是洩漏軍事機密，將會依軍法處死。農夫羊表示，絕不會笨到四處散播謠言。肥羊就讓農夫羊回家了，並且派遣自己的孩子——小羊，暗中監視。

農夫羊一回到家，就四處跟鄰居說：「狼群要打過來了，大家快點逃。」小羊直接掏出短劍，殺死農夫羊，並告訴鄰居：「敢討論這件事情者，當場處死。」

❖➤━━━━━━━━━━━━━━━━━━━━━◆◆◆━━━━━━━━━━━━━━━━━━━━━◀❖

　　相信很多人都沒當過兵，不懂肥羊為何要農夫羊不能討論狼群逼近的事實。原因有 3 點：

　　第一，不見得有狼出現，可能只是幾隻羊而已。幾隻羊的影子在那邊晃動著，然後農夫羊誤以為是狼，其實只是羊而已。這就是所謂的杯弓蛇影，明明只是弓箭的影子而已，然後你看成有人在酒杯裡放了條毒蛇。你喝了這杯酒，回家後還可以生病。所謂疑心生暗鬼，這叫做疑心病。

　　第二，就算真的是狼好了，那幾隻狼也只是在偵察而已。偵察跟狼群打過來，還差很遠。像美國每天都用衛星偵察中國，還派空中預警機蒐集中國的情報，但美國要攻打中國嗎？沒有。偵察和戰爭還差很遠。

　　第三，就算狼群真的打過來，肥羊要做的是囤積糧食、武裝羊群，並且封鎖消息。如果讓羊群知道消息，會引起大規模的恐慌。羊群爭先恐後地逃難時，會帶走火山要塞的糧食，這對於之後的武裝羊群和囤積糧食，是大大不利的。因此不能讓羊群知道這些事情，消息必須封鎖，以免造成不必要的混亂。

有些人真的很奇怪耶，都已經說不能散播謠言了，還是一直不停地散播謠言，然後怪別人迫害他的言論自由。你要在哪裡講，本肥羊都沒意見。但在本肥羊親手創立的 FB 社團「股市肥羊」裡面，你就是沒有任何言論自由。如果你不滿意，請離開，本肥羊不歡迎你加入社團。

我是職業軍人出身，軍人以服從為第一天職，絕不會去過問長官的所作所為。長官今天叫我殺人我就殺人，叫我放火我就放火。軍人一定要徹底服從，這樣的軍隊才有戰鬥力。如果長官說要殺死敵人，你卻說殺人是不對的，我只能說你不如就別當兵了，根本禍害軍紀。

如果本肥羊是長官，我會故意調你去最前線，讓你處於最激烈的戰事之中，看看砲火能不能把你洗禮成殺人魔。如果你沒有變成殺人魔，也沒關係。身為第一排衝鋒的士兵，你是非常光榮的，即使你沒有殺死任何人。但考量到你作為敵人標靶的功勞，你就值得一枚勳章。

簡單來說，本肥羊必須封鎖一切對中信金（2891）不利的消息，有利的消息就不需要封鎖了。因此不利的消息才

是謠言，有利的消息不可能是謠言。當然很多人會覺得這根本有鬼，說中信金會跌破 15 元的人被永久逐出社團，說中信金漲破 30 元的人竟然沒有事情。

　　其實這一點都不奇怪，本社團集結的人，都是相信中信金會上漲的人。所以這些人本來就認為中信金會漲，你在喜歡上漲的人面前說會上漲，這不會造成任何問題。因此說中信金會漲破 30 元，大家歡喜，當然不算謠言；但如果你說中信金會跌破 15 元，我們這群支持中信金的人會不高興，然後就會有一群人跟著相信中信金會跌破 15 元，這群人會賣掉中信金。這其實也沒關係，因為買賣是個人的自由，本肥羊無權干涉。

　　問題在於，那些想賣中信金，又不敢賣中信金的人，他們會一直不停地私訊本肥羊，你知道每天收到十幾通私訊有多煩嗎？我每天得不停地向人解釋中信金沒有問題，他們還會要我提出保證，我要保證啥？保證我不是中信金的員工，我根本對中信金一無所知嗎？當你在製造本肥羊的困擾時，我只能選擇永久封鎖你而已。永遠不要在伊斯蘭教會裡面，訴說真主阿拉的壞話，除非你打算全家被殺。

當然很多人會認為本肥羊是在炒作中信金，如果你認為這是炒作，那就是炒作，本肥羊沒意見。但我要提出一件事情——如果今天中信金的股價不是上漲到 22 元，而是下跌至 18 元，請問各位今天還能看到這本書嗎？本肥羊直接就被出版社封殺了，我也是冒著危險在推薦中信金，單純刀口上舔血而已。

如果你不滿意我的做法，請離開，去別的社團大肆批評本肥羊，但不要在我的社團批評。本肥羊只在自己的書裡面討論自己的炒股方式，不喜歡，你別買書，我不介意。我也只在自己的社團炒作中信金，我沒有到處加入社團，跟別人說中信金是檔好股票，叫大家一定要買。社團的興衰全由我一個人負責，不是你負責。因此我有權力呼籲大家買進中信金，但你沒有權利看衰中信金，因為這裡是我的地盤，絕對領域裡面不允許絲毫的侵犯。

本肥羊參加過人數 10 幾萬的社團，我只覺得這些社團大而無用，消息混亂，完全不統一。這樣的社團，是不可能教導散戶學會炒股的。大型社團除了內鬥和放假消息以外，一無是處。

　　為了改進大型社團的缺點，就需要小而精美的社團。由一個領導進行直接教學，統一社員的思想看法，消滅所有不同流派的觀點。這樣的社團，才有辦法炒股賺到錢。否則每個人講的話都不一樣，社團看起來好像很熱鬧，問題是團員要聽誰的？根本是一團混亂，團員不在於數量眾多，而在於素質夠高。

　　本社團今天沒收任何訂閱費，因此不需要太多的團員，只要留願意留下的團員，踢掉唱反調的團員，這樣才能貫徹有效的領導。

　　目前市面上的社團，多半是由一人負責領導，以往那種多人領導的大型社團，已經幾乎被淘汰光了。社團成立的宗旨，直接就寫在社團名稱：「我愛金融股」「不看盤投資」「存股輕鬆學」，看名字就知道這社團在研究啥。

　　小蝶看了一下金融股的董監事持股比率，整個低到不行，於是小蝶就認為金融股不能買。這也不打緊，但小蝶竟然跑去「我愛金融股」社團問：「金融股董監事持股那麼低，是不是準備掏空銀行？應該要立刻賣掉股票才安全。」結

果小蝶當天就被「我愛金融股」的團長踢出社團，小蝶非常憤怒。

小蝶：我是真的很擔心才問啊。你看中信金董監事持股1%，國泰金（2882）1.5%，玉山金（2884）2.5%。這些董監事真的認同自家公司嗎？持股比率低成這副德性，要人們如何信任這些董監事？

肥羊：台灣的金融股董監事持股比率就是如此低，公股銀行的董事長，甚至持有 0 張股票。這是銀行的通病，不是第一天開始。「我愛金融股」的團長認為你根本存心找麻煩，才會踢掉你的。

小蝶：可是「存股輕鬆學」的團長認為這樣不行，難道我就不能問嗎？

肥羊：既然「存股輕鬆學」的團長認為這樣不行，你應該去問「存股輕鬆學」的團長，而不是問「我愛金融股」的團長。人家都取名叫「我愛金融股」了，就表示社團只買金融股而已。你還故意唱反調，說金融股不能買，難怪

會被踢出社團，這根本是白目啊。

即使是長期投資派，對個股看法也不同

台灣的炒股手法並沒有統一，即使同樣是長期投資派，彼此看法也不同。舉個例子來說：日友（8341）這家公司的股價 244 元（2019 年 11 月 21 日收盤價），2019 年每股稅後盈餘（EPS）預估為 9 元，本益比為 27 倍，這家公司能長期投資嗎？

依照肥羊派理論，本益 15 倍以上不適合投資、本益比 25 倍以上應該賣掉，所以日友不適合長期投資，這是肥羊派的觀點。但別的流派認為日友每年獲利都在成長，處理垃圾又是門檻很高的事業，244 元正是投資的好機會。誰對誰錯？

你在肥羊派說日友不適合投資就是對的，你在別人的流派說日友適合投資就是對的。永遠不要拿著肥羊派的觀點，去別人的流派踢館，這很容易造成兩個流派的股市名師彼此自相殘殺。本肥羊最近已經很少去別人的社團閒逛了，

都是拜這些愛踢館的粉絲所賜，本肥羊認識的人，都被這群粉絲得罪光了。

　　炒股沒有固定的方法，同一檔股票你可以做多，也可以做空，沒有誰對誰錯。重點是誰賺到了錢？賺到錢的人就是正確。舉例來說，2018 年 10 月台灣股市大跌，若你放空中信金，你會大賺錢，所以賣掉中信金是對的。若你從 2018 年 10 月大跌開始一路買進中信金，你也會大賺，所以買進中信金是對的。注意到了吧？不管你是買進中信金，還是賣出中信金，都是對的，因為你們都賺到錢了。

　　股票有所謂的順勢操盤和逆勢操盤。你跟順勢操盤的人討論大跌適合買進，他會覺得你瘋了，大跌應該要賣出才對，大跌買進會賠很多的錢；你跟逆勢操盤的人討論大跌適合賣出，他會覺得你瘋了，大跌應該要買進才對，大跌買進雖然會賠很多的錢，但只要撐過去，往後白花花的鈔票可是數不完啊。

　　同樣一檔中信金，你認為股票應該賣掉是對的，你認為股票應該買進也是對的。但社團裡面不能讓人同時喊買進

和賣出啊，所以只能留下買進的人、踢掉賣出的人。

那這樣社團是否為一言堂呢？其實不是的。本肥羊也常把自己賣出中信金的交易紀錄貼在社團裡面，你可以說本肥羊做多中信金，也可以說本肥羊放空中信金。股票原本就是買進和賣出而已，買進就是為了賣出，賣出就是為了買進，買賣互為一體，不可區分。

你想賣股票就去賣，你就把賣出的交易紀錄貼在社團裡面，這不會有任何問題。但你不要賣掉中信金的同時，在那邊說中信金業績不好，獲利一直衰退，不值這個價位，你這叫做挑釁。股票的討論永遠用交易紀錄來說明，而不是用言語來說明。我看很多股市名師都是用言語來說明股票，而不是用交易紀錄來說明股票。本肥羊實在很懷疑這些股市名師，真的會炒股票嗎？

人與人之間是互相尊重的，彼此之間不該有太多刺激性的言語。對股票的看法用交易紀錄來表現，不要硬跟別人唱反調。如果你對中信金不滿，賣光或放空中信金都沒關係，但不要在那邊一直批評中信金。你今天會被別人踢出

社團，單純是因為你自己嘴賤，活該死好，怨不得別人。

　　爭辯謠言是對是錯，沒有任何意義。重點在於不能讓謠言擴散出去，造成群眾恐慌。群眾一旦恐慌就會出亂子，軍隊一旦恐慌就會打敗仗。當然很多人會覺得，就算本肥羊封鎖謠言也沒用，團員還是可以從別的管道得知謠言。這些喜歡聽從小道消息的人，肯定不會是純種肥羊流派，本肥羊從不在乎外人的死活，我只想踢光這些外人。

躺著賺
一年400萬的肥羊養股術

Chapter 12
等待篇》股價終究會上漲
保持耐心才能勝出

　　狼王終於發現了肥羊的火山要塞，派出大軍包圍。然而在羊族長弓手的齊射下，沒穿鎧甲的狼族全部射成蜂窩，有穿鎧甲的狼族身上插著十幾支弓箭。狼王下令全體狼族攀登城牆，但這天然懸崖做的城牆高達 30 公尺，狼族還沒爬上城牆，就先被巨石砸落下來。狼王完全沒有對策，準備撤軍。

　　一名狼將軍很不服氣，全身穿上鎧甲，坐在離城門 400 公尺的地方，大聲叫罵著，譏笑羊群不敢開城決戰。肥羊非常憤怒，親手拿著特製的弓箭，瞄準狼將軍，但遲遲沒有射出任何一箭。狼將軍認為肥羊並非不願意射箭，而是

躺著賺\
400 萬的肥羊養股術

根本射不到。就算真讓肥羊射到好了，自己全身穿著鎧甲，一支 400 公尺外射出來的飛箭，是能有什麼威力呢？

狼將軍愈叫罵愈大聲，肥羊始終握著弓箭，沒有射出。由於天氣炎熱，狼將軍抬起右手，擦拭額頭的汗珠，肥羊抓住機會放出弓箭，從沒有鎧甲保護的腋窩，刺入胸腔，狼將軍重傷，數日後死亡。

●━●━●━●━●━●━●━●━●━●━●━●━●━●━●

真正殺死狼將軍的人，是狼將軍自己。如果牠沒抬起右手來，肥羊根本拿牠沒辦法。肥羊唯一做的事情，就是等待而已。如果沒等到機會，也只能隨便狼將軍叫罵，不然還能怎樣呢？亂射一通，單純被狼將軍更瞧不起罷了。

很多人常問我：「買完中信金（2891）以後，到底要等多久才能賺錢？」就是要等到中信金上漲，才能賺錢啊。如果中信金都不漲，放著等 20 年，以 5% 現金殖利率計算，20 年後剛好成本歸零，你從此以後穩賺不賠。

為何本肥羊炒股總是賺錢？因為我都放到股票上漲才賣，

所以炒股自然會賺錢。很簡單的邏輯思考，單純看你有沒有耐心而已。股票總是會漲的，公司不倒，放久了，主力自然會去拉抬，等待 5 年～ 10 年而已，沒什麼。這世上沒有主力不拉抬的股票，坐在轎子上，等著被主力抬就對了。在等待的過程中，我們會看到別人的股票大漲，我們的股票確實也有跟著漲，但就是沒別人的水準。

投資人更應關心股價下跌的好股

考各位一個問題：為何我們在炒股時，會知道玉山金（2884）和上海商銀（5876）的股價在上漲呢？你可能還會知道新光金（2888）的股價也在漲，但去年（2018年）新光金的股價大跌，你知道嗎？你不會知道的，因為新聞喜歡討論股價上漲的股票，不會去鑽研股價下跌的股票。換句話說，你所知道的玉山金、上海商銀、新光金，這些都是新聞告訴你的。因為你眼裡只有看到股價大漲的股票，所以才會覺得別人的股票價格都大漲。

你有去關心過股價下跌的股票嗎？你曾經正眼看一下股價大跌的國泰金（2882）和富邦金（2881）嗎？沒有，

對吧？不是別人買的股票價格都上漲，而是因為你一直在追逐價格上漲的股票。

　　永遠不要去關心股價上漲的股票，而是應該去關心股價下跌的股票，特別是那些基本面很優秀，但是股價卻下跌的公司。你無法一下子就從炒股獲得大量財富，但是你終究會獲得這些大量的財富，差在別人花 1 年，你花 20 年而已。

小蝶和肥羊在討論炒股的方法：

肥羊：你應該先拿 200 萬元出來買中信金，再利用現金股利和工作所得，繼續低接中信金。如果中信金股價上漲就賣掉一些收回成本，不斷低買高賣，沖洗出利潤。

小蝶：我只有一個問題，何時我能賺回這 200 萬元？

肥羊：快的話 10 年，慢的話 20 年。公司不倒，你早晚可以從中信金獲得 100% 的利潤。

小蝶：太慢了，外面的大師說只要 10 萬元，就能在 1 年內賺到 200 萬元。

肥羊：那你不會去跟隨這位大師？1 年內從 10 萬元賺到 200 萬元，2 年內從 200 萬元賺到 4,000 萬元，3 年內從 4,000 萬元賺到 8 億元，5 年內你就是台灣首富，10 年內整個地球的財產加起來，還沒你有錢。

小蝶：我是看你炒股經驗豐富，想請教你，看看有沒有

什麼致富的捷徑而已。

肥羊：聽你在鬼扯，我看你是怕那位 10 萬元賺到 200 萬元的大師在騙錢，所以才跑來問我而已。今天我給你兩條路——要嘛你去追隨那位 1 年內獲利 20 倍的大師，要嘛你給我閉嘴，好好學習 1 年賺 5% 的長期投資。

小蝶：別這樣嘛，大家都是好朋友。

肥羊：叫師父。從現在起，我不是你的朋友，而是你的師父。還有，若你炒中信金賠錢的話，一律與本師父無關。

小蝶：有必要把話講到這麼硬嗎？

肥羊：本流派作風就是這麼硬，不爽趁早滾，我也沒打算收你做徒弟。

Chapter 12 等待篇算是本書中最廢的篇章，從頭到尾都是廢話連篇。如果你覺得前半篇的內容已經很廢了，那麼後半篇的內容更廢。如果你對肥羊兵法已經有些許了解，

良心建議你直接翻到下一篇，別浪費時間繼續讀這篇了。接下來的內容沒有任何重點可言，只有一連串的廢話，而且是很廢的廢話。但你知道嗎？我每天都得回答這些廢話好幾遍。坦白講，我真的很懷疑散戶腦袋是裝什麼的？

廢話 1》跟隨肥羊炒股，每年可以賺 20% ～ 50% 嗎？
答案 1：不可能，每年就是賺 5%，還不保證一定能賺到 5%。運氣差的話，你會賠錢。

本肥羊討厭好吃懶做、滿腦子只想發大財的人，如果你是這種人，請滾出去，本肥羊沒有任何可以教導你的東西。我國小同學問我如何炒股賺 50%？如何知道 2016 年要投資 1,000 萬元炒股？為何技術上可以掌握到如此精準？是不是有什麼奧祕偷偷留著沒教導大家？他願意付幾萬元學習這門祕術，我直接封鎖他。我可以直接告訴各位：「2016 年的第一金（2892）和 2017 年的中信金之所以能夠大賺，單純是運氣好而已，沒有任何不傳之祕。」

如果你想付 10 萬元補貼本肥羊的生活費，無限歡迎，本肥羊隨時在高鐵站等你。如果你想付 10 萬元來雲林縣

躺著賺
\ 年400萬的肥羊養股術

虎尾鎮學習肥羊派的獨門奧義，趁早給我滾，本肥羊派沒有任何獨門密技。就算是我兒子學習炒股，也是一樣拿著這本書在教導，教材都是一樣的，只是盯得比較嚴格而已。

　　本肥羊也不會刻意留下什麼特別的學問不講，好為第 3 本書出版做鋪路。肥羊系列每本書內容都是一樣的，只是在細節上會稍作修改而已，基本精神永遠不變。本肥羊永遠是盡心盡力，100% 教學，絕不會故意留一手，好讓各位付錢訂閱本肥羊的網路文章。

　　我今天身為一個作家寫文章，就是要對得起讀者。我不是靠出書、上電視在炒知名度，然後推銷自己的付費訂閱文章。我知道很多股市名師靠付費訂閱，每年賺幾百萬元，甚至上千萬元，但本肥羊永遠是免費分享，永遠。當然最好還是希望各位能花錢買下這本書，否則出版社賠錢，就不可能有以後，更別談永遠了。

廢話 2》外面的股市名師，每年獲利都是 20% ～ 50%，真或假？

答案 2：假的，如果只是指 1 年獲利 20%，有可能；連

續 2 年獲利 20%，也有可能；但炒股 10 年，每年都賺 20%，這就是在鬼扯。本肥羊在 2016 年和 2017 年的炒股獲利都超過 20%，因此我知道，即使是長期投資，要在 1 年之內賺到 50% 都很簡單。但只限於那一年，之後就不行了。

2018 年和 2019 年，本肥羊的獲利就縮減到每年 10% ～ 15% 左右，這就是所謂的現出原形。也許 2020 年和 2021 年獲利還會掉到每年 5%，然後 2022 年和 2023 年就虧損了。總之，炒股沒有每年都在大賺的，會賺錢就一定會賠錢。你注意去看這些股市名師，你會發現一些特點：

第一，獲利都是每年 20% ～ 50%，炒股資歷都是 10 年，為啥會這樣呢？以 50% 獲利來計算，10 年後會膨脹到 57.67 倍（＝（1 ＋ 50%）^{10}），20 萬元本金就是 1,153 萬元（＝ 20 萬 ×（1 ＋ 50%）^{10}）。這個數字不能再膨脹了，因為再吹噓下去，就脫離一般老百姓的生活囉，而他們詐騙的目標就是一般老百姓。他們當然可以吹噓自己炒股賺了幾億元，問題是幾億元脫離老百姓的現實太遙遠，

躺著賺
\月400 萬的肥羊養股術

這樣會讓股市名師和普通人產生距離感,從而收不到信徒。

股市名師之所以能吸引粉絲,在於他們和粉絲一樣,大家都是從本金 20 萬元起家,工作薪水超低,靠炒股賺大錢。我股市名師做得到,各位粉絲也能做得到。看起來似乎可行的道路,才能夠詐騙到最多的信徒,如果吹噓自己賺了幾億元,反而會嚇跑信徒。

各位讀者可以看看目前最紅的幾位股市名師,身價幾乎都是幾千萬元,很少有幾億元的。事實上,還有人身價幾百萬元就在當股市名師。騙錢的重點不在於你炒股到底賺了多少錢,而在於股市名師和普通老百姓的生活,到底像不像?講難聽點,誰會去學習鴻海(2317)創辦人郭台銘如何賺錢?那距離我們的生活太遙遠了。

第二,這些股市名師永遠在開課,永遠要你訂閱付費文章,永遠在跟你討錢,這很明顯就是詐騙集團的特色。無論跟你講任何一句話,最終都是要你匯錢給他而已。這群股市名師永遠不肯出示實體交易紀錄,也就是股票存摺。如果讓你看到存摺,股市名師的騙術就會被拆穿,因此萬

萬不可。

　　就如同你的兒子被綁架，他們會讓你聽聽兒子的聲音，但就是不讓你見到自己的兒子，這就是詐騙的手法。你因為緊張而產生的聽幻覺，讓你相信自己的兒子被綁架；以精彩的虎爛技巧，讓你相信股市名師很會賺錢；但詐騙的破綻永遠都是：「完全拿不出證據。」

　　第三，股市名師出道時間都很短，雖然炒股已經有 10 年，但實際上有知名度都是這 3 年的事情而已。他們還會買下廣告，四處宣傳自己炒股的威名，但你去考察一下成名的歷史，多半不會超過 3 年。因此，接受新聞採訪不到 3 年的人，不要隨便去相信他。

　　如果成名的時間已經超過 10 年，還會是個騙子嗎？有可能還是個騙子，但至少是個有經驗的騙子。我常跟兒子討論某位股市名師，每天鬼扯畫虎爛，連交易紀錄都沒有，我兒子非常地瞧不起他。但這位吹牛大師不是個普通的騙子，他是個有經驗的騙子。他是真的會炒股票，只是牛皮吹得更大一點而已，你戳破他的牛皮之後，裡面其實還是

躺著賺1,400萬的肥羊養股術

有點牛肉的。

　　論實力，吹牛大師的炒股實力，也遠在普通散戶之上。如果你分不出這位股票大師是否在鬼扯，請去考察他鬼扯的歷史。如果他已經鬼扯超過 10 年了，那多少還是有點可信度的，否則早就被粉絲拖去活埋囉。

　　第四，什麼樣的股市名師，就會吸引什麼樣的信徒。年輕的股市名師，吸引年輕的粉絲；工作薪水不到 3 萬元的股市名師，吸引工作薪水不到 3 萬元的粉絲；喜歡吹牛的股市名師，吸引幻想一夜致富的粉絲。不是因為股市名師騙術驚人，才能騙到很多人，而是因為這些人和股市名師身上，散發同一種氣味，才能互相吸引，正所謂臭味相投。

　　像我們肥羊流派的，永遠只能吸引到肥羊流派的粉絲。其他流派的粉絲就算不小心加入肥羊流派，也會以各種理由離開。他們永遠不是因為跟隨肥羊炒股賠錢而離開，而是因為看肥羊不順眼而離開。只有「天選之羊」會繼續留著，其他的人則是全走。這也是必然的事情，如果流著牛奶與蜂蜜的應許之地，可以讓所有人都抵達，牛奶和蜂蜜

早就被所有人喝光了，還輪得到你們喝嗎？肥羊流派永遠只會是少數人，十不及一啊。

廢話 3》我現在可以買股票或賣股票嗎？

答案 3：你要有錢才可以買股票，有股票才能賣股票。如果你要借錢來買或借股票來賣，這算是私人行為，本肥羊不予以干涉。

本肥羊推薦中信金 25 元以內都可以買，如果你是問現在 22 元可以買嗎？那就得看你認不認識字。任何一個幼稚園小孩都知道，25 元以內可以買股票，股價現在 22 元當然能買股票。至於你有沒有幼稚園程度，我個人實在是不好評論啦。

賣股票，本肥羊認為要公司出了大問題才需要賣，大到會倒閉的問題，或者股價漲到本益比大於 25 倍。但中信金很明顯沒有倒閉的困擾，假設今年（2019 年）中信金的 EPS 是 2.2 元，25 倍本益比就是 55 元（＝2.2×25）。如果覺得這數字扯到不行的話，你可以自行修改成 15 倍本益比，就是 33 元（＝2.2×15）。

但無論是 33 元還是 55 元，目前市價 22 元（2019 年 11 月 21 日），實在是距離太遙遠了，不適合賣股票。如果你想玩低買高賣，請用標準型肥羊派波浪理論 —— 股價漲 5%，賣 5% 股票數量；股價跌 5%，買 5% 股票數量（詳見 Chapter 8）。

任何一個精神正常的人，都應該看得懂我在寫啥。如果你精神不正常，請掛精神科。如果你在買賣中信金的過程中賠錢，想過來找本肥羊負責，我個人建議你打 119 強制送醫，住院好好療養。不是每個人都能學會炒股的，很多散戶資質低落到絕不可能學會炒股。就算巴菲特（Warren Buffett）親自指導，也無法矯正這些散戶的劣根性，所以只能放生囉。

廢話 4》我沒有錢，要怎麼炒股？

答案 4：日夜加班，努力打拼賺錢啊。不然呢？賺不了那麼多錢，就想辦法省錢，以各式各樣的理由，刪減家人的生活費。比方說：告訴父母這個月經濟困難，下個月再給生活費；到了下個月，經濟當然還是困難啊，所以得拖到下下個月，才能給生活費，無限拖延戰術。

告訴妻子再讓我看到你買任何一件新衣服，我不會生氣，我會直接扣你價值 10 件衣服的生活費而已。告訴孩子期待已久的兒童樂園取消，改去免費的公園玩。告訴所有家人吃肉不營養，因此每星期有 1 天要完全吃素。小孩沒有補習費，妻子沒有錢出國旅行，不會有錢去和朋友應酬，當然更不需要買幾 10 年後才能用到的保險。父母沒錢搞自費醫療，健保醫不好就算了，人早晚都會死的。

錢是想盡辦法硬「擠」出來的。當然如果你不想這麼搞鬥，你不希望所有家人都怨恨你，你也賺不了大錢，良心建議，你根本就不適合炒股。雙手太過乾淨的人，成不了任何大事，血染惡英雄。

廢話 5》肥羊自稱家產 3,000 萬元，真的嗎？都那麼有錢，何必當醫師，直接退休吧

答案 5：我家產應該不止 3,000 萬元。若單純以股票來看，截至 2019 年 11 月 21 日，共持有中信金 1,279 張，以當天價格 22 元計算，股票資產是 2,813 萬 8,000 元（＝22×1,279×1,000）。除此之外，我還有現金和房子，3,000 萬元算是很客氣的說法。如果你懷疑我財產的真假，

歡迎報名我的演講，我都會當場展示股票存摺和銀行存摺，以示誠信。

　　至於退休嗎？我在 2012 年就退休過半年，每天打電玩、遛狗和睡覺。每天打電玩、遛狗和睡覺。每天打電玩、遛狗和睡覺。同樣的字眼一直出現，讓你看到煩了嗎？你知道我退休時，每天都做這 3 件同樣的事情，有多煩嗎？我做了近 200 次耶。我一點也不想退休，日子簡直是無聊到可怕。

　　所有鼓吹別人炒股賺到錢，就能退休的股市名師，他們自己從來都沒退休過。退休很無聊，真的。請好好珍惜你的工作人生，別讓退休害死你了。上班有人可以講話，每個月還能領錢，這麼爽的事情，你到底為何不想做呢？如果你嫌工作太累，你應該去換工作，而不是炒股。

廢話 6》搞長期投資的都是有錢人，窮人根本不適合長期投資

答案 6：我不否認搞長期投資的都是有錢人，有錢人用錢滾錢，滾出更多的錢。這巴菲特在 2008 年就說過了，叫

做「雪球理論」。我完全不否認，也沒打算否認。窮人本來就只適合搞短線投機，搞完之後，變得更窮，這樣才符合窮人的身分地位。窮人根本不想，也不配學習長期投資。

我在 30 年前鴻源投資案（詳見註 1）爆發時，就知道了。看到那堆想錢想到發瘋的無能家人，把最後的家產拿去投資鴻源，完全不顧讀國中的小兒子阻擋時我就懂了，難怪這些家人會貧窮，應該的。不騙這群想發大財的傻蛋，真是對不起天地良心。你想去搞短線投機就去搞吧，窮人不只收入貧窮，連思想和心靈都很貧窮。

窮人確實只配玩短線投機而已，快去，台灣不差一個被騙錢的窮人。如果你是一個窮人，如果你瞧不起身旁那群想發財想瘋了的窮人，你再過來學長期投資。否則就別學了，跟那群窮人一起做發財夢，搞短線投機吧。

廢話 7》我現在開始學長期投資，何時可以財務自由？
答案 7：這得看你的本金有多少，還有你的開銷多少來決定。假設 3,000 萬元是財務自由的標準，而你有本金 1,000 萬元，長期投資 30 年，應該可以達到財務自由，

躺著賺
\ 400 萬的肥羊養股術

不過這是指你有家庭的情況下。如果你單身的話，本金 500 萬元，長期投資 30 年，達到 1,500 萬元的水準，也夠你生活了。

如果你的本金只有 100 萬元，應該這輩子都不可能財務自由。除非你一直不停地繼續投入本金，投入到 500 萬元到 1,000 萬元的水準。很多窮人整整存了 10 年，就只有 100 萬元，那他長期投資的利益何在？就是多賺點錢啊，可以撐久一點，不至於太快破產。別的窮人 65 歲就破產，你可以撐到 85 歲～ 95 歲。窮人在沒有外界的支援下，早晚都會破產。但只要你撐得夠久，撐到自己死了，剩下的財產就可以遺留給小孩。

如果你從 25 歲工作到 65 歲時，總共存了 400 萬元，炒股再賺 800 萬元，你就有 1,200 萬元。這筆錢夠夫妻兩人財務自由嗎？還差得很遠。但如果你們兩夫妻 1 年只

註 1：鴻源投資案是鴻源機構藉由提供誘人的高利率，非法集資。之後該機構在 1990 年突然倒閉，留下 16 萬債權人與負債新台幣 900 餘億元的殘局，一時間造成台灣金融體系動盪不安，是台灣經濟史上最大型的集團型經濟犯罪。

花 40 萬元，這筆錢可以支撐 30 年，到時是 95 歲。如果你們兩人 85 歲死了，就可以留下 400 萬元的財產給小孩。這點小錢真的不多，但對孩子確實有幫助。如果你們夫妻覺得 1 年存 10 萬元沒用處，你們 65 歲時就不會有 400 萬元的財產，當然更不可能炒股再賺 800 萬元。

注意到了嗎？不存錢、不炒股的窮人，和同等收入卻存錢、炒股的窮人相比，在 65 歲時已經差到 1,200 萬元的財產。但雙方退休時，一樣每年得花 40 萬元，誰來付這筆錢呢？就是你的小孩。一樣是 85 歲死掉，不存錢的窮人，給小孩留下 800 萬元的負債；而願意存錢和炒股的窮人，給自己的小孩留下 400 萬元的遺產。

一代之內，同等背景的窮人，差距是 1,200 萬元。若不存錢的父母，將壞習慣傳承給小孩；存錢的父母，將好習慣傳承給小孩。到第 2 代時，雙方的差距是 2,400 萬元，資產 800 萬元對上負債 1,600 萬元；第 3 代則差距 3,600 萬元，資產 1,200 萬元對上負債 2,400 萬元。知道恐怖了吧，這就是滴水穿石的威力。你們都是窮人出身，在第 1 代時還看不出多大差距，到第 3 代時差距就很誇張了。

當然很多人會認為，法律規定負債不會傳承給小孩，因此本肥羊在鬼扯。負債確實不會傳承給小孩，但這是指老人死掉的情況下，問題在於你沒死。你這位活著的老人，每天睜開眼睛就是在花錢，花你小孩的錢，你就是活著的負債。別人的父母留遺產給小孩，而你只會留下帳單。限定繼承只有你死後才會發生，問題是你活著，你拖垮了孩子，世世代代傳承了貧窮。

覺得這樣害死你的小孩也沒關係，就不用存錢，也不用炒股。反正是你的小孩，我無所謂。如果你沒生小孩，恭喜你做出了正確的決定，窮人確實不適合生小孩。你老了以後可以丟給社會局養，反正你沒生小孩，社會局找不到家屬來承擔責任，只能硬吃下這塊負擔。因此我常說「保險套」是通往財務自由的最快捷徑，不結婚、不生小孩的人，最快財務自由。

廢話 8》總覺得財務自由的犧牲很大，這對我有什麼好處？
答案 8：財務自由對你而言，沒有任何好處，是對你的小孩才有好處。像本肥羊辛苦奮鬥 20 年，誰得到最大的利益？就是我兒子，他才 19 歲，就已經擁有許多人工作到

死，也累積不了的財富。

　　本肥羊的努力，讓我兒子財務自由囉。而本肥羊永遠無法財務自由，只能不停不停地工作下去，不斷不斷地炒作股票，永無平靜之日，直至永遠平靜之日為止。所以很多人常跟肥羊說：「你這樣賺錢的意義何在？你從沒享受過自己賺的錢啊。」

　　身為第 1 代，我不需要任何享受。我活著的目標只有一個：「賺更多的錢。」這就是我的財務自由，賺更多、更多、更多，我從未花過，也享受不到的金錢。這是我的人生、我的樂趣。如果你是為了享受人生，才學習炒股，良心建議你立刻放棄。這條道路非常難走，非常痛苦，可以說跟享受人生，徹底無緣。

　　我希望大家跟我一樣，都只是為了賺更多的錢，而學習炒股。「我賺錢，故我活著；我若不賺錢，必然是死了。」財務自由是條非常可悲的阿修羅道，請有所覺悟後，再過來學習。本肥羊享受賺錢的快樂，希望你也能一起享受炒股賺錢的美好。至於花錢來享受人生，天啊，這實在是太

痛苦，不如殺掉我算了。

廢話9》台肥（1722）擁有的土地很多，我現在買台肥，就可以成為一個大地主了

答案9：就算台灣土地全部都是台肥的，也不表示台肥會分給你任何一坪土地。台肥目前在全台灣擁有約51萬5,000坪土地，其中南港就擁有3萬1,000坪土地，光是土地價值重新估計，就可以讓台肥的股票價值從現有的51.7元，變成112元。以2019年11月21日收盤價47.35元計算，等於淨賺64.65元（＝112－47.35）。

聽起來好像很划算，但是本肥羊為何不推薦台肥呢？因為你不是董事長，你沒有權限賣掉任何一塊土地，別說台肥股票價值112元，就算台肥股票價值1,120元，只要董事長不跟你買台肥股票，你手上的台肥股票就賺不到半毛錢。

台肥頂多是家產雄厚到不會倒閉而已，台灣大到不會倒的公司，何止台肥一家，根本沒有購買台肥的必要性。幻

想不能當飯吃，白日夢只會讓你變得更窮而已。

廢話 10》為何股市名師都推薦小公司？

答案 10：新鮮感而已。舉中信金為例：這家公司 30 年前就很有名了，假設我在 1991 年叫你買 2815（中信金當年的股票代碼），你沒買；1992 年我再推薦 2815；1993 年我繼續推薦 2815；連續推薦 10 年的 2815，你會買嗎？不，你不會買的。只要 1991 年你沒買 2815，你這輩子都不會去買 2815。原因很簡單，如果你在 1996 年買 2815，就證明了，你在 1991 年不買 2815 的決定，非常愚蠢。

沒有人會願意承認自己是個白痴，這也是本肥羊從不買玉山金的原因，誰會願意承認自己是個智障呢？而且持有中信金時間愈久，成本愈低；買進中信金時間愈短，成本愈高。你會懷疑肥羊存心把低成本的中信金倒貨給你，變得更不想買。但 2002 年，你可能就會願意購買 2815，因為這時中國信託改制成中信金（2891）。

簡單説，只要一開始你沒買這檔股票，之後不管本肥羊

躺著賺\\低400 萬的肥羊養股術

推薦多少年，你都不可能再買這檔股票，除非有什麼大新聞發生。因此，腦袋正常的股市名師，都只會推薦中信金1次，絕對不會再推薦第2次，更別說連續推薦10年。

而台灣的大公司不過50家而已，幾乎每個散戶先前都玩過這50家，或注意過這50家。以前都沒買這50家，現在當然也不可能買這50家。

股市名師當然只能推薦小公司，沒人聽過、大家都沒買過或注意過、有新鮮感，散戶自然會願意買。所謂新開的餐廳生意總是特別好，過不到幾個月就倒閉了。但本肥羊剛好就是那個腦袋有洞的股市名師，所以我會連續推薦中信金10年，即使粉絲一直跟我討要新股票，我還是只喊中信金。

而那些在本肥羊第1次喊中信金沒買的人，這輩子也不可能會買中信金，因此這群粉絲會逐漸離開本肥羊，跑去尋找那些願意提供他們新股票的股市名師。

當然很多人會說，不用等中信金出什麼大新聞，只要崩

盤，我一定會買中信金。虎爛畫滿大的，但是實際上，你做不到。敢在崩盤時買股票，你就已經是高手級的投資者了，還需要本肥羊教你炒股嗎？人們永遠只會在好消息出現時買股票，在壞消息出現時賣股票，除非那個人天生是個變態。

廢話 11》長榮航（2618）爆發經營權之爭，兩派人馬肯定互相收購股票，推動股價上升，現在買進正好賺大錢

答案 11：購買任何股票，都必須著眼於長期的投資利益。爭奪經營權會危害公司利益，這對於長期投資來說，是非常嚴重的危害，萬萬不可買進。當然，如果你只想做短線價差，不予置評。但搞長期投資的人，絕不能買大規模內亂的公司，即使這樣做會讓你賺到錢。

廢話 12》安碁資訊（6690）最近上市，這是宏碁（2353）集團的股票，可以申購嗎？

答案 12：本肥羊不碰新公司，因此完全不考慮，即使這檔股票買了會大賺，也是一樣的。本肥羊絕不買上市不到 5 年的新公司，本醫師也絕不會使用任何美國最新藥物，即使這藥物吃下去，癌症立刻就好了，也一樣。

你永遠不知道新公司有哪些問題，就如同你永遠不知新藥有多少副作用，讓別人去嘗試，是最好的做法。

廢話 13》為何業績好的股票，股價比較容易漲？

答案 13：因為新聞會報導啊，大家都注意到這家公司，就會去買。公司不可能業績會突然好起來，都是一直好下去，好到一定時間後才會衰退。在公司不停發布業績成長時，大家都會注意到。就算 1 次沒注意到，連續發表 3 次，散戶總會知道。

新聞會提，股市名師會去講，網路上有很多人注意，自然一堆人衝過去買，股價當然上漲囉。因此買業績成長的股票，最容易賺到錢。但本流派強調的是穩，而不是成長，所以對於業績成長的公司，沒多大的興趣。

事實上有成長，就會有衰退，公司不可能無限成長下去。像花仙子（1730），業績一直處在成長的狀態下，2019年 8 月瞬間就衰退了。與其追求成長的股票，不如追求穩定的股票，這是本流派的觀點。當然，其他股市名師並不這樣認為。

廢話 14》為何業績差的股票,股價比較容易跌?

答案 14:即使新聞會報導,讓大家都注意到這家公司,但也「不會」去賣,因為你又沒這家公司的股票,要怎麼賣?「業績差,股價會跌」這句話是鬼扯。只要擁有股票的人不想賣,業績多差都不會跌,這也解釋了宏達電(2498)業績明明爛爆了,股價還有 34.75 元(2019 年 11 月 21 日收盤價)。因為擁有宏達電的人,不想賣股票。

當然,很多人認為可以借券賣股票。在台灣放空的人永遠是少數,宏達電融券的比率還不到融資的 9%。如此低比率的資金,能夠對宏達電的股價有什麼影響呢?因此,大規模的利空,不見得會造成股價下跌,甚至是進場買股票的時機。因為想賣股票的人都賣光了,剩下的人都不可能賣股票,股價自然只能漲,不會跌,這就是所謂的「災難選股」。

廢話 15》股市名師都是壞人嗎?

答案 15:你是壞人嗎?如果你是壞人,股市名師就是壞人;如果你是好人,股市名師就是好人。身是菩提樹,心如明鏡台。你所見的一切邪惡,充分反映出了你腦中所有的卑

鄗思考。你看股市名師是怎麼樣的人,就證明你也是這樣的人。

人有各式各樣,單純以好壞來斷定股市名師,證明你不過是個政治中毒者。眼中除了藍綠,看不到台灣的未來;眼中除了好壞,看不到人的各種性格。我最討厭的是虎爛股市名師,這些人明明沒有炒股,卻吹噓成自己買了幾百萬元,我只是不喜歡這些鬼扯淡的股市名師而已。至於股市名師的實力嗎?隨便一個最爛的股市名師,都比你強多了,否則人家怎麼在股市混日子?

廢話 16》研究美國道瓊指數,可以讓我更精準掌握台灣股市

答案 16:所以你哪一次靠研究美國道瓊指數(以下簡稱道瓊),從台灣股市賺到錢呢?沒有,對吧。那你在爽啥?你會看道瓊,別人也會看道瓊,你會因為道瓊大跌掛賣單,別人也會因為道瓊大跌掛賣單,然後你們統統卡在早上 9 點的盤賣掉,這樣要怎麼賺錢啊?反而會被主力瞄準,逆向拉抬,殺光你們這些只會看道瓊的人。看道瓊對炒股毫無任何幫助,反而有害啊。

廢話 17》看外資和主力的進出，讓我清楚了解籌碼變化

答案 17：老話一句，你賺到錢了嗎？賺不到錢的研究，全部是垃圾。任何能讓你看到的資訊，統統沒有絲毫參考價值。所有短線進出的依據，完全沒有可信度。

　　我親眼見過一位短線老手，在炒股 20 年後，還在不斷修正自己的短線炒股策略。這說明他以前所採取的短線方法，根本不能使用，否則為何還需要大規模調整看盤的方法？而這個人還是大師級的水準喔，跟路邊那群鬼扯的短線分析師，水準完全不同。我們長線投資就簡單多了，本肥羊 20 年前所採用的炒股策略，和現在相比差距不大，可說是 20 年如一日啊。

廢話 18》為何有些股市名師買的股票價格都大漲？

答案 18：因為他們炒小型股。以花仙子為例：每天成交量不過百張，以一個大型社團的實力，光靠核心粉絲 3,000 人，就足以將股價買到翻過去了。如果再上電視和雜誌打廣告，吸引外圍分子購買，炒作股票輕而易舉。

　　目前市面上所有的小型股炒作，手法都極為類似。由股

市名師挑出一檔小型股，在付費的訂閱文章裡公布股票名稱，讓所有核心粉絲購買後，在免費的網頁分享這檔股票，然後是上新聞和雜誌大肆談論這檔股票的好，讓外圍分子有機會購買。當所有人都買好後，股市名師閉口不談，既不說好，也不說壞，有人問，就請他去付費文章那邊詳談。

反正核心粉絲已經賺到錢，大家都很高興。股市名師不說買，怕核心粉絲買到太高價格；也不說賣，怕喊了之後，會造成崩盤。股價就這樣懸在半空中，不知該漲還是該跌？然後，股市名師換談另外一檔股票，原有的股票就隨便它漲跌囉。市面上的炒作股票，基本上不出這模式。簡單的炒作技巧，簡單的讓股市名師賺到金錢與名聲。

當然，花仙子也不是隨便亂挑的，股市名師非常看重花仙子的業績成長性，要有業績，才能炒作股票。股市名師也是需要公司業績，來說服粉絲的。至於那些 92 元買花仙子的人，就慢慢套牢到天荒地老吧。你們又不是股市名師的收費核心粉絲，股市名師不會在乎你們這群吃免錢的外圍分子。股市名師最常說的一句話：「有問題，咱們在付費文章那裡討論，來不來，隨你。」

Chapter 13

賣出篇》持續觀察個股 EPS 判斷是否該賣股

火山要塞遭到狼王包圍時,肥羊拿著望遠鏡,監視狼族的動態,小羊則陪伴在旁。

肥羊:你知道狼族喜歡吃草嗎?

小羊:狼怎麼會吃草?除非快餓死了,否則絕對不可能。

肥羊:絕對不要說絕對(Never say never)。

肥羊用手比了一下望遠鏡,小羊靠近一看,發現一隻王族打扮的狼,正在吃草,還配串葡萄滋潤喉嚨。而放在旁

邊的羊肉，卻沒吃幾口。

●┉●┉●┉●┉●┉●┉●┉●┉●┉●┉●┉●┉●

　　人就是喜歡用自己的常識來推斷事務，狼不會吃草，這是哪個動物專家跟你說的？狼不只會吃草，還會吃葡萄。肉食動物會吃草，草食動物也一樣會吃肉。先前有山羊吃小雞的畫面到處流傳，而所謂的狂牛病，就是讓牛吃肉骨粉所造成的，會吃肉的草食動物還真多啊。這世上沒有什麼事情，是絕不可能的，如果有的話，就是你的腦袋太硬，絕不可能改變。

　　做人一定要保持彈性，絕不可以把話說死。以前我跟一位網友在討論蜜蜂的時候，我說蜜蜂會坐汽車，網友就說她家的貓咪也會開車。我直接抓篇蜜蜂坐著貨車，由養蜂人載著蜂箱去找花蜜的報導給她，要她貼自家貓咪開車的照片給我，網友嚇呆了。

　　人在學習事務的時候，往往因為自身能力的極限，只能理解事情的一個面向，然後就說這個方面是對的，其他方面都是錯的。好比瞎子摸象，摸到象鼻的瞎子就說大象又

長又軟，摸到象牙的瞎子就說大象又尖又硬。兩個瞎子開始因為對方說謊，而互相叫罵，沒有人在乎大象到底長怎樣，他們只想彼此對罵而已。就如同藍綠之間，整天叫罵個不停，卻沒有人關心台灣。

這點在大人身上特別明顯，小孩子反而不會有這個情形，因此小孩子適合學習，但大人反而不適合學習。經常有人跟我說他學會很多流派的知識，對股票的一切非常熟悉，他是否能成為一個優秀的炒股者？

我的反應是：「你所學的一切，全部是垃圾，還不如一無所知的小學生啊。」一知半解的學生最難以教導，我寧願收一無所知的學生來教導。如果你對股票有所了解，我希望你能認清楚一件事情，你不是一個好學生，你只是一個最糟糕的學生。

小蝶：我買中信金（2891）賺到錢了，要趕快賣掉，入袋為安。

肥羊：如果中信金從此一路漲上去，你到入土為安之前，

都會一輩子活在怨恨之中。

小蝶：中信金怎麼可能會一路漲上去？

肥羊：當年玉山金（2884）股價漲到 12 元時，我也認為玉山金不可能再漲上去，今天（2019 年 11 月 21 日）玉山金的股價是 27.35 元。想品嘗我的怨恨，歡迎你賣光全部的中信金。

股票的上漲，是看氣勢，不是看本益比，更不是看價格合不合理。這世上最可怕的不是沒買過飆股，而是明明以很低的成本買進飆股，卻小賺一點點就賣光。膽小、恐懼、入袋為安這些心態，將會害死你一輩子。凡是富裕的人，我必使他更加有錢，因為他知道凡事要冷靜分析；凡是貧窮的人，我就連他的最後一口糧食都要奪走，因為他遇到事情容易恐慌害怕，而且還喜歡喊知足常樂。

在整本肥羊股市兵法裡面，幾乎所有的篇章，都已經有固定的內容。唯獨一篇文章沒有固定的內容，那就是Chapter 13 賣出篇。什麼樣的價格應該賣掉？目前並沒有

答案，所有的賣出價格都是用猜測的，既沒有事實驗證，也沒有理論可以遵循。如果肥羊兵法 10 年後要做大規模的修改，最可能修改的地方就是賣出篇。我們試著來幻想一下，如何賣出股票最為正確？股票是變幻莫測的，因此要如何估算出股票的價值，就得從過去和現在來推算。

在確定虧損的情況下，才賣出股票

我們先討論一些最沒有爭議的地方，如果一家公司每年每股稅後盈餘（EPS）都是 2 元，以 15 倍本益比計算，股價 30 元（＝2×15）以內都是合理價格。如果一家公司每年 EPS 都是 2 元，但從明年起每年 EPS 都是 1 元，以 15 倍本益比計算，股價 15 元（＝1×15）以內都是合理價格。

現在問題來了，過去 4 年這家公司的 EPS 都是 2 元、今年 EPS 是 1 元，你怎麼知道明年 EPS 是 2 元，還是 1 元？你又怎麼知道公司的合理價格是多少？這裡我們只能用猜測的，過去 4 年 EPS 都是 2 元，所以明年 EPS 是 2 元的機率是 80%（＝4 年÷5 年）；今年 EPS 是 1 元，所以

明年 EPS 是 1 元的機率是 20%（＝ 1 年 ÷ 5 年）。以數學期望值來計算，明年 EPS 應該會是 1.8 元（＝ 2×80% ＋ 1×20%），也就是，我們認定明年以後的 EPS 都會是 1.8 元。

當然這不會是事實，這只是個猜測而已。為了避免猜測錯誤，我們會希望在確定的情況下才賣出股票，也就是說，我們會等到明年 EPS 出來才賣股票。以股價 30 元計算，如果 EPS 是 2 元，本益比為 15 倍，這還算是可以接受的。但如果 EPS 是 1 元，股價 30 元，本益比為 30 倍，這很明顯就不合理，應該要賣出。所以賣不賣股票不是看今年的 EPS 突然降到 1 元，而是要看明年的 EPS 降至 1 元，甚至於要看到後年的 EPS 降至 1 元。你被搞到混亂了，對吧？我來列幾個題目比較清楚。

題目 1》肥羊派規定，本益比 25 倍以上應該賣掉股票，今年（2019 年）中信金 EPS 是 2 元，股價 22 元。則在股價維持 22 元的狀況下，中信金的 EPS 掉到幾元，才應該賣股票？

答案 1：今年中信金的股價 22 元，在本益比 25 倍的情況

下，表示 EPS 只剩下 0.88 元（＝ 22÷25）。那麼如果中信金在 2020 年 EPS 崩潰到 0.88 元，應該賣股票嗎？答案是不應該。你應該等 2021 年中信金的 EPS 出來，假設還是 0.88 元，才考慮賣股票。

那如果 2021 年中信金的 EPS 真的是 0.88 元，應該要賣股票嗎？也不對，你應該要看看富邦金（2881）、玉山金（2884）、兆豐金（2886）的 EPS 是不是也出現大幅衰退？如果大家都衰退，不用賣；如果只有中信金衰退，賣掉中信金。

到了 2022 年，如果中信金 EPS 還是 0.88 元，股價依舊是 22 元，這時就可以賣掉中信金了，即使這時富邦金、玉山金、兆豐金也還在大規模衰退也一樣。失去競爭力的產業，應該予以淘汰。

決策流程：

①今年甲公司 EPS 大幅衰退，導致本益比超過 25 倍。

應對方式：觀察，用肥羊派波浪理論買賣即可，不用虧損理論（詳見 Chapter 8）操作。如果你想用虧損理論多

躺著賺\
400 萬的肥羊養股術

買幾張，也沒關係。

②１年後甲公司 EPS 仍然大幅衰退，本益比超過 25 倍。

應對方式：觀察其他同類型公司的 EPS 是否也大幅衰退。如果只有甲公司衰退，賣掉甲公司；大家都衰退，繼續觀察。用肥羊派波浪理論買賣即可，非常不建議用虧損理論，應該說不可以用才對。如果你不想用肥羊派波浪理論買進股票，也沒關係。總之先不要賣，等待就對了。

③２年後甲公司 EPS 仍然大幅衰退，本益比超過 25 倍，其他同類型的公司也大幅衰退。

應對方式：這類型的公司已經失去競爭力，賣掉手中甲公司的全部股票。

我們可以注意到，公司出現大規模的利空時，處理的方法絕不會是立刻賣掉，而是觀察。少則觀察 1 年，多則觀察 2 年，永遠不要在恐慌出現時賣掉股票。你只能在消息確定、局勢穩定時，賣掉股票，永遠都是如此。

如果你的反應時間沒有超過 1 年，證明你反應太過快速

了，請務必減緩你的速度，即使出現的消息是公司虧損。請務必穩住，穩住自己非常重要，穩住自己才能穩住股票，避免因為恐慌而做出錯誤的操作。

　　本肥羊必須提醒你一件事情，在觀察甲公司 2 年之後才賣掉股票，你所承受的損失必然相當可觀，要有套牢好幾年的心理準備，請務必節哀。不要跑來本肥羊家門口拉白布條抗議，沒人會理睬你的。

題目 2》肥羊派規定，本益比 25 倍以上應該賣掉股票。假設中信金的 EPS 維持 2 元，但股價從 22 元漲到 50 元，這時應該賣掉全部剩餘的股票嗎？

答案 2：股票漲成這樣，光是用肥羊派波浪理論進行操作，你也剩不了多少股票囉。如果是用標準型肥羊派波浪理論（股價漲 5%，賣 5% 股票數量），你應該早就賣光了，因此不需要煩惱；如果是頻繁型肥羊派波浪理論（股價漲 2.5%，賣 2.5% 股票數量），也一樣會賣光。

　　因為標準型肥羊派波浪理論和頻繁型肥羊派波浪理論有這些問題點，才會推出永久型肥羊派波浪理論。不過，永

久型肥羊派波浪理論至少需 200 萬元（詳見註 1），消耗資金過大，這又形成了另一個問題點。建議新手還是從標準型肥羊派波浪理論入手，比較沒那麼花錢。若你是用永久型肥羊派波浪理論（股價漲 2.5%，賣 1% 股票數量），這時應該還會剩不少股票，所以你到底該不該賣光全部剩下的股票呢？

很難說全賣是對的，但不賣好像又是錯誤的。這時就應該遵循古人的智慧，不知道該往左或往右，就乾脆走中間，這樣至少會對一半。所以，我們應該把剩下的股票賣掉一半，這樣絕對會正確一半。此時憑我們賣掉的股票總數，再加上先前肥羊派波浪理論收回的資金，成本早就歸零，我們炒股從此穩賺不賠。

決策流程：

①甲公司股價一路大漲。

應對方式：利用肥羊派波浪理論，一路大賣。

註 1：編按：因為操作永久型肥羊派波浪理論，至少需要 100 張中信金，以股價 20 元計算，需要 200 萬元（詳見 Chapter 8）。

②甲公司漲破 25 倍本益比。

應對方式：如果手中尚有持股，則賣掉剩餘股票總數的一半。為自己擁有零成本的甲公司股票歡呼吧。

題目 3》中信金始終維持 EPS 2 元、股價 22 元、年年配 1 元現金股利的狀態，但配完現金股利之後股價又回到 22 元。這時應該要買股票還是賣股票？
答案 3：在這種情況下，你有 3 種選擇：

①你可以利用標準型肥羊派波浪理論，股價漲 5%，賣 5% 股票數量，慢慢地賣過去，估計到第 20 年會賣光股票。

②你也可以不賣股票，估計第 20 年你會收回投入的全部資金。

③你也可以乾脆就只買不賣，拚死命地存股票。

上述這 3 種方法都對，但該選擇哪種呢？主要看你覺得中信金買夠了沒有？買夠了，就用標準型肥羊派波浪理論賣過去；買不夠，就一直買股票存下去；不知該買或該賣，

就乾脆領現金股利。也就是說你買股是對的，賣股是對的，不買不賣也是對的，人世間不是只有一種正確解答而已。

常看到一堆散戶為了「該買股票，或是該賣股票」在對罵，真是愚蠢，難怪一輩子當散戶。真正該研究的是有沒有賺到錢，怎會是研究該買還是該賣呢？想買的就去買，想賣的就去賣，時間會告訴你買或賣哪一個才是正確的。爭執啥啊？

決策流程：

甲公司股價、獲利和現金股利都不動如山。在股價 22 元，EPS 2 元的情況下，本益比為 11 倍，評價為 S，標準投入資金為 30%。

情況①：投入甲公司的資金太多（占總資金 40% 以上），需要收回。

應對方式：利用標準型肥羊派波浪理論，股價漲 5%，賣 5% 股票數量，慢慢地收回資金。

情況②：投入甲公司的資金太少（占總資金 30% 以下）。

應對方式：努力地買下所有甲公司股票，直到占總資金的 30%。

情況③：不知自己投入甲公司的資金是太多或太少（占總資金 30% ～ 40%）。
應對方式：每年領現金股利，不做任何買賣。

情況④：錢太多無處花。
應對方式：如果你真的嫌錢太多無處花，要全部投入甲公司的股票（占總資金 100%），只買不賣也可以，畢竟總有人為錢太多而煩惱。本肥羊就經常煩惱手上資金幾百萬元，到底該怎麼花才好？錢太多讓你憂愁的話，買股票是個好選擇。

題目 4》假設中信金 2020 年，EPS 有 2 元，卻無緣無故不發現金股利，非常小氣，需要賣嗎？

答案 4：不需要賣，觀察即可。公司不發現金股利，從來不是肥羊派賣出股票的理由。本流派重視現金股利，但不是非要不可。如果你對中信金不發現金股利的作為感到憂慮，你可以停止買進中信金，但並不需要賣掉中信金。

題目 5》中信金 2019 年 6 月營收突然大幅下降 56.49%，需要賣嗎？

答案 5：不需要賣，觀察即可。只要你活得夠久，你還有機會看到中信金稅後盈餘大幅減少，甚至虧損。統統都不需要賣，觀察即可。任何決定，都不可以在 3 個月內做，最好是拖 1 年～ 2 年再做決定。千萬別急著做出錯誤的判斷，慢慢來最好。

題目 6》我可以賣掉中信金，改買其他有潛力的股票嗎？

答案 6：不知道你口中的有潛力，是什麼意思？依據肥羊流派的計算，中信金和台泥（1101）是最有潛力的股票了。我不會阻止你賣掉中信金改買台泥，那實在是不關我的事，自行決定就好。

　　假設中信金因為未來出現變化，造成獲利大幅度衰退，因此讓你想換成其他獲利穩定的公司。我必須提醒你一件事情，這種行為就叫做「恐慌」。你不是因為別家公司好，才想賣掉中信金來換股操作，你只是單純被中信金的獲利衰退嚇到而已。恐慌是絕不允許的，當然我也無法阻止你，那畢竟是你家的事。

任何公司都會出現帶衰的情況，你今天會因為帶衰賣掉甲公司，明天就會因為帶衰賣掉乙公司。元大台灣50（0050）的成分股只有 50 家公司而已，你早晚會把 50 家公司都玩完一遍，也許你早就玩完不只一遍了。我只想問一句話：「這些被你玩完的公司，真的完了嗎？」公司根本就沒出事，你只是在玩完自己而已。

題目 7》肥羊老師反應有夠遲鈍的，任何消息的反應都是觀察再說，研究 1 年～ 2 年再講，我應該換老師學習嗎？

答案 7：你應該要立刻換老師，當你懷疑本肥羊的時候，你就不應該繼續向本肥羊學習了。你會不斷去猜忌本肥羊的所做所為，換老師學習是你最正確的選擇。本肥羊也有自身的利益關係要處理，我可能只會說中信金的好話，踢掉所有講中信金壞話的人，自己默默地把中信金炒上去。這世上你唯一能相信的人，只有自己，永遠別選擇和自己不對盤的老師學習。

題目 8》為何肥羊理論欠缺積極性和主動性，對於股票的作為非常被動，而且對於很多股市發生的問題也無法說清楚？

躺著賺 \ 年 400 萬的肥羊養股術

答案 8：因為本肥羊不知道要如何積極和主動，我只能被動採取反應而已。很多事情我之所以無法說清楚，是因為連我自己都搞不清楚，炒股充滿太多可能性了。機率性的問題，我沒有能力回答，只能猜測而已。既然是猜測，那就無法說清楚。不滿的話，你可以去找別的股市名師學習。

至於被動採取反應這件事情，就好比拿刀割開皮膚，醫師只能在皮膚被割開後才縫合傷口，難道能夠在皮膚還沒被割開前就縫合傷口嗎？本肥羊重視的是傷害控制，也就是當皮膚被刀切開後縫合傷口，止住流血而已。至於病人的皮膚，之後能否回到先前白皙透亮的狀態呢？不可能，傷害一旦造成後，永久都是傷害了。你只能避免傷害的擴大，而無法讓傷害消失。冷靜，別急著賣股票，就是避免傷害擴大最好的辦法。

Chapter **14**

消耗篇》散戶唯有靠長期投資
才能戰勝股市主力

一天早上，肥羊發現包圍火山要塞的狼族消失得無影無蹤，整個火山要塞陷入狂歡中，宴會上所有羊族都笑翻了。

小羊：我覺得狼族太早撤退了，就算攻不破火山要塞，只要派遣 1 萬隻狼長期包圍火山要塞 1 年，我們糧食耗盡，又打不贏狼族，就只能開城投降了。

肥羊：整個火山要塞的羊族不過 5,000 隻而已，用 1 萬隻狼族來包圍，這樣划算嗎？

小羊：打仗能贏就好，即使狼族的消耗是羊族的 1 倍。

躺著賺\1_00萬的肥羊養股術

但牠們有補給，我們沒有，長期消耗戰狼族必勝。

肥羊：狼族的消耗不只是羊族的 1 倍，補給 1 萬隻狼族士兵，至少需要 2 萬隻狼族後勤部隊。況且羊是直接吃草的，而狼是吃肉的，即使搭配雜草和水果，1 隻狼族包圍 1 年，所需的食物量至少得消耗 40 隻羊，所以用 3 萬隻狼（1 萬隻狼族士兵加 2 萬隻後勤部隊）來計算，狼族的 1 年食物消耗量是 120 萬隻羊（＝ 3 萬 ×40），而我們這裡只有 5,000 隻羊。等於狼族為了吃掉我們這 5,000 隻羊，必須消耗掉 120 萬隻羊，淨虧損 119 萬 5,000 隻羊。你覺得狼王有這麼愚蠢嗎？真正承擔不起消耗的是狼族，長期消耗戰羊族必勝。

●━·━●━·━●━·━●━·━●━·━●━·━●━·━●━·━●

在股市戰場上，我們散戶要對抗的就是主力。這個坑殺主力的構想，我在 20 年前就提出了，但始終只被人當成笑話來看待。

主力比我們有錢，家產都是用億元來計算的；主力可以操縱新聞，我們連老婆都操縱不了；主力可以去找總統握

手，和立委喬好利益，而我們走在路上沒人理睬。我們憑什麼跟主力鬥呢？因為我們比主力還有錢。

主力負債多、開銷大，適合短線操作

聽起來好像是笑話，肥羊啥時家產破億元了，還會比主力有錢？但這是真的，我們確實比主力有錢。記得西方世界史上鉅富洛克菲勒（John Rockefeller）的家訓嗎？「借錢不是件壞事。」主力基本上都是遵照洛克菲勒的家訓，借錢炒股，他們很少用自身的財力。

各位可以去公開資訊觀測站（mops.twse.com.tw/mops/web/index）查一查各家公司的資料，大股東的質押（詳見註 1）比率通常都不低，甚至有超過 50% 的。簡單來說，這些主力在外面欠了很多的錢要還，而各位應該都沒有任何負債，所以，我們每個人都比主力要來得更加有錢。

光靠主力一人，其實是炒不動股票的，他還需要新聞幫忙宣傳，最好還有政府大喊什麼前瞻計畫、綠能發電。這

需要很多的交際應酬，因此主力的開銷很大，而我們沒有這些開銷。

我們沒有負債、花費又很少，能夠撐很久。但主力不行，主力負債很多、開銷又大，他撐不住。只要我們拖得夠久，主力必敗，我們必勝。這也是長期投資的優點，我們可以在一檔股票套牢 3 年～ 5 年，甚至 20 年都沒問題。但主力連 1 年都撐不住，他必須將資金從沒賺錢的投資中抽出，轉進賺錢的投資，否則他負擔不了銀行的利息、媒體的交際，以及政府官員的賄賂。

主力的優勢在於短線決戰，因此散戶學主力做短線價差，除非你天資過人，否則只是單純送死而已。但我必須提醒你一件事情，就連台大醫學系學生炒股都會賠錢，物理天才牛頓（Sir Isaac Newton）炒股更是賠掉 10 年薪水。除非你比台大醫學系學生和牛頓更天才，否則可以趁早死了短線投機的念頭。短線投機，主力必勝；長期投資，散戶

註 1：質押指大股東把股票抵押給銀行借錢，這比賣掉股票更好賺，因為只需要付少少的利息錢，就能拿回股票的價錢。而且股票還握在自己手上，可以繼續當董事領薪水，現金股利也是照領。

必勝。希望各位能做出正確的判斷。

小蝶：我想要購買股市名師推薦的甲股票。

肥羊：股市名師推薦甲股票多久了？

小蝶：1年了，我看甲股票的股價一直漲，想長期投資。

肥羊：那你1年前為何不買甲股票？

小蝶：當時股市名師鎖住甲股票的資訊，不允許任何人外洩出去，只有付費粉絲才能知道甲股票的資訊。我又沒付錢訂閱這位股市名師，怎麼可能知道？

肥羊：那你現在為何又知道甲股票的資訊？

小蝶：因為這位股市名師上電視和雜誌，到處宣傳甲股票的好處啊。

肥羊：你不覺得很怪嗎？1年前你想知道甲股票的資訊，

股市名師不告訴你；1年後，你不想知道甲股票的資訊，股市名師卻四處宣傳。你不認為這根本就是股市名師存心宣傳甲股票，給所有散戶購買，拉抬甲股票漲上天，好讓自己和核心粉絲賺到錢？

小蝶：這一點我也有考慮過，因此我有偷偷買通一個核心粉絲。他說股市名師從來沒有說過要賣甲股票，訂閱文章裡面只有甲股票的分析而已。

肥羊：但他也沒在訂閱文章說過要買甲股票，對吧？

小蝶：這的確是事實。

肥羊：注意到問題點了吧？股市名師目前在外面到處宣傳甲股票的美好，無論是電視或雜誌，到處都是甲股票很優秀的宣傳。但在自己的付費訂閱文章裡面，卻完全沒有推薦核心粉絲購買甲股票。

小蝶：如果股市名師想趁機出貨，他應該叫核心粉絲賣掉股票才對，為何完全沒有行動？

肥羊：他為何要叫核心粉絲賣掉股票呢？股市名師若叫核心粉絲賣股票，卻叫外面的免費粉絲買進股票，萬一遇到像小蝶你這種偷偷買通核心粉絲的女人，自己言行不一致的做法，不就當場穿幫了？股市名師有自己的聲望要顧。

小蝶：這位股市名師看起來確實挺誠信的，你的說法很合理。但不叫核心粉絲賣股票，核心粉絲要怎麼賺錢？

肥羊：核心粉絲幹嘛要賺錢？股市名師賺得到錢就好。股市名師現在不喊賣，如果甲股票價格繼續漲上去，股市名師可以四處宣傳自己眼光神準。如果甲股票大跌，股市名師也可以說股價都大漲一波了，回檔也是應該的。核心粉絲炒甲股票賺翻了，絕對會愛死這位股市名師。至於外圍套牢的免費粉絲，股市名師才不會管這些人的死活咧。誰叫他們連幾百元訂閱費都不願意出，套牢活該死好。

小蝶：肥羊你自己還不是在喊中信金（2891），你跟這位股市名師有何差別？

肥羊：中信金是每天成交量數萬張的元大台灣50（0050）

成分股，跟每天成交量不到 100 張的甲股票，怎麼比？更何況我從前年（2017 年）就開始喊中信金了，去年（2018 年）也就喊中信金，今年（2019 年）還是喊中信金，明年（2020 年）一樣喊中信金。跟那位今年喊甲股票，明年喊乙股票，每年推薦股票都不一樣的股市名師，差太多了。還有，我沒收錢，我沒有核心粉絲，統統都是外圍的免費粉絲。因此我不需要拉抬股價，讓核心粉絲賺大錢，讓外圍粉絲套牢。你不用千方百計去親近本肥羊，獲取最核心的情報。所有人，從我兒子，到今天才認識我的陌生人，我提供的情報都一樣。怎能拿我跟外面那群騙錢的股市名師來相比呢？

獅子之所以強大，單純是因為牠沒跟大公象單挑；貓咪之所以無敵，單純因為牠只追老鼠。認清楚自己的無能，你就能成為一個優秀的人才。

若非核心粉絲，不應買進股市名師推薦股票

我們現在談談另一種主力——股市名師，他們家產頂多幾千萬元而已，距離標準主力有兩個零以上的差距，以這

種財力不可能炒股的。但他們懂得善用自己的嘴巴，以虎爛打遍天下無敵手。

我們以一個股市名師核心粉絲 3,000 人計算，每名粉絲買 10 萬元的股票，加起來就是 3 億元（＝ 10 萬 ×3,000）。這財力買大型股當然不夠看，但如果是買每天成交量不到 100 張、股價 72.8 元（2019 年 11 月 21 日收盤價）的花仙子（1730）呢？大約就是花仙子 5 個月的交易量了（花仙子 2018 年 1 月的交易總量為 6,000 萬元），這足以將花仙子的股價從 40 元炒到 90 元，更別提股市名師還到處上電視和雜誌，宣揚花仙子的美好。跟單的外圍粉絲數量，絕對不止 3,000 人。

至於股市名師的做法是對是錯？那得看你是何時跟隨他的。如果你是從 2018 年就跟隨他的核心粉絲，恭喜了，40 元炒到 90 元，在老婆面前講話都很有風。如果你是 2019 年 6 月才上車的外圍粉絲，90 元炒到 72.8 元，希望你還有臉在老婆面前講話。

這其實就是一種簡單的投顧炒作手法而已，股市名師散

播消息給核心粉絲，核心粉絲買進後，股市名師上雜誌和電視宣傳，拉外圍粉絲更進一步哄抬價格，然後放給花仙子爛。核心粉絲大賺錢，擁護股市名師；外圍粉絲賠錢，幹譙股市名師。為何每位股市名師都有人支持和反對呢？因為有人賺錢，有人賠錢啊。

　股市名師也不是故意陷害粉絲的，把賺賠怪到股市名師頭上，這其實不太公平。就像有人炒作中信金賠錢，然後跑來怪本肥羊，這我也是不能接受的。問題出在付費訂閱制，付費訂閱制的出現，導致每位粉絲獲得的情報不一樣。

　付錢訂閱文章的核心粉絲，可以獲得最新的情報；看新聞和雜誌的外圍粉絲，只能獲得老舊的情報。以花仙子同樣跌到 72.8 元來講，核心粉絲 40 元就買了，72.8 元他還是賺 32.8 元啊，大賺之下，為何不感謝股市名師呢？但外圍粉絲是 90 元買進，72.8 元他足足賠了 18.2 元，當然怨恨股市名師。

　付費訂閱制將粉絲明顯劃分為核心粉絲和外圍粉絲，核心粉絲大賺，外圍粉絲大賠，這是何等不公不義的事情？

我常跟人說：「你要嘛就訂閱這位股市名師的付費文章，要嘛就完全不看這位股市名師的文章。千萬別看股市名師在報紙和雜誌的免費推薦，你會被這些股市名師活活害死，貪小便宜，搞垮自己。」

像本肥羊這種不搞訂閱制的人，就沒這個困擾。你們要嘛就跟本肥羊一起賺大錢，要嘛就是跟本肥羊炒股一起賠錢，全賺或全賠，很公平。絕對不會出現那種一半粉絲大賺，一半粉絲大賠的情形。

至於本肥羊的功力有沒有比那些收錢訂閱的股市名師強，就得看你怎麼想囉。台灣炒股獲利千萬元以上，並且敢拿出交易紀錄的人，似乎不多，本肥羊剛好就是其中一個。當然要跟隨誰炒股，還是得看你自己，不能強迫。畢竟本肥羊也不是每個學生都收的，素質太差的學生直接踢出去懺悔；素質太好的學生則是請出去外面深造；素質不好不差的學生，才是本肥羊想收的學生。

Chapter 15

細節篇》依理論紀律投資
不任意調整操作方法

　　肥羊在訓練羊族士兵時，非常重視弓箭，羊族士兵必須將弓箭以 45 度角朝著天空射擊，完全沒在瞄準目標的。大家都很懷疑這樣射得到狼族嗎？此外，羊族士兵的配劍是一把短劍，而狼族使用的是長劍，以短劍對長劍，刺得死狼族嗎？肥羊的軍事才幹，低落到讓所有羊都感到懷疑。

　　以 45 度角朝著天空射擊，射程可以到達 300 公尺。要瞄準 300 公尺外的目標，這難度是非常高的。因此肥羊認為不需要瞄準，反正也瞄不準，重點是射得又快、又遠就好。

　　以密集的箭雨射在狼族身上，用數量取代精準，在狼族

還沒抵達羊族身前，就讓狼族身上先插著十幾支弓箭，也就是殺敵於 300 公尺外。等狼族近身羊族時，也不用打肉搏戰了，反正打不贏。短劍是讓羊族在死之前，能夠刺狼族一刀而已。

❖━◆━◆━◆━◆━◆━◆━◆━◆━❖

在本肥羊先前寫的書《完整公開交易紀錄的肥羊養股術》裡，有些東西太過複雜，因此許多讀者產生了混亂。我們在這本書中進行修正，不再以精準為原則，而是要求簡單好用。就如同羊族士兵的訓練一樣，只要射得又快、又遠就好，準不準無所謂啦。

自從開始寫書以後，我發現很多人對我有著不切實際的期待。他們認為跟隨肥羊炒股一定能賺到錢，但我從沒這樣說過好嗎？肥羊也不是所有股市名師裡面最厲害的。肥羊兩個字，就是隨時隨地都會被狼吃掉的肥滋滋羊肉。你為啥會認為取名肥羊的人很厲害？明明就很弱小。

使用肥羊派波浪理論買賣股票，也不會比存股不賣賺得多。肥羊派波浪理論只是我吃飽太撐想出來的花樣，並

不會賺得比存股多。肥羊的操作績效也沒辦法打趴大盤指數和元大台灣 50（0050）。如果連巴菲特（Warren Buffett）都沒辦法打敗標普 500 指數（S&P 500），為啥你能指望肥羊打敗元大台灣 50 呢？但如果算上元大台灣 50 每年的總管理費用率 0.44%（含 0.12% 非管理費用），勝負就不可知了。

然而，就算元大台灣 50 扣掉費用後，績效還是比本肥羊好，我也不會去碰元大台灣 50。因為我不喜歡關鍵技術被別人掐住的感覺，但如果你不在乎被專家掌握生死的話，投資元大台灣 50 是個很不錯的選擇，至少會比跟隨本肥羊穩定。

股票是本肥羊最愛玩的遊戲，緊張刺激還可以賺錢，我不會去追求股市的最大獲利，我只會追求肥羊兵法的最大獲利。比如說買台積電（2330）可以大賺，但本肥羊絕對不會去賺，因為購買台積電不符合肥羊兵法。

遵守理論，比賺錢更重要 100 倍。所有的股票理論都可以調整，但是必須在舊有股票理論的基礎下調整，不能隨

躺著賺
＼出 400 萬的肥羊養股術

意調整。在這一篇文章裡面，我們將會談論到許多瑣碎的小事，不重要但還是得提，因為這些都是肥羊兵法的一部分。少了這些不重要的細節，肥羊兵法就再也不是肥羊兵法了。

持股 **20** 張以上，才能依肥羊派波浪理論買賣

　　小蝶：你都推薦我現在可以買中信金（2891），那你自己現在有買中信金嗎？

　　肥羊：我現在沒買中信金，我都是以前買的中信金，我剛剛才賣掉 10 張中信金而已。

　　小蝶：你自己在賣中信金，卻叫別人要買中信金，這樣做對嗎？你應該要叫別人賣中信金才對。

　　肥羊：好，那我現在叫小蝶你賣中信金，你有中信金可以賣嗎？

　　小蝶：我可以去放空中信金啊。

肥羊：現在就去放空中信金，千萬別客氣。

小蝶掏出了手機，點選放空 10 張中信金，但她始終按不下最後的確定按鈕。

小蝶就沒這個本事，說什麼大話咧。肥羊可以賣 10 張中信金，那是因為肥羊手上有 1,300 張中信金，成本大約在 18 元左右（肥羊派波浪理論會不停買買賣賣，故而每階段的持有張數會不一樣），小蝶有 1,300 張成本 18 元的中信金嗎？沒有的話，那小蝶是要怎樣學肥羊買賣呢？根本不可能的事情。

肥羊派波浪理論是有條件的，你一定要持有相當程度的股票張數，才能開始買賣，一般至少需 20 張。你沒這個股票張數，如何買賣？先前有人跟我說：「肥羊派波浪理論賺錢太慢，可以把先前 20 元買進的 20 張中信金，在股價漲到 20.5 元時全部賣掉，等之後股價跌回 20 元時再買 20 張回來嗎？」我就說可以，他就把 20 張股票全部賣掉，賺了 1 萬元（＝（20.5 － 20）×20×1,000），然後現在中信金的股價是 22 元（2019 年 11 月 21 日收盤價），

他少賺了 3 萬元（＝（22 － 20.5）×20×1,000）。

其實不管你對肥羊提出什麼樣的做法，本肥羊都會說：「可以。」只要你不在社團吵架鬧事，我為何要說不可以呢？沒理由說不可以嘛。肥羊派波浪理論的標準就是這樣的固定模式，肥羊派波浪理論的變化，我也提出來了。你硬要提出一個肥羊派波浪理論的高階進化版，我能說啥呢？當然是說可以啊，書上都寫那麼清楚了，你還能自己胡搞瞎搞，我也實在是很佩服。

很多人都問我可不可以買賣中信金？我都說：「你爽就買，你開心就賣，關本肥羊屁事啊。」至於本肥羊的看法，就是中信金 25 元以內都能買，賣掉則是按照肥羊派波浪理論來賣。很簡單的事情，大人就是能搞到很複雜，該說啥呢？爽就好啦。

了解投資心理，散戶才能提高賺錢機率

小蝶：我大概看懂肥羊的股市理論了，就是以龐大資金，重壓一家不會倒的大公司，然後搭配跌買漲賣。簡單的說，

不是以一次打仗定輸贏，而是以多次打仗定輸贏，所以不會在乎任何一次的敗仗。事實上，這套理論的設計，很容易讓你打敗仗，「百敗百戰」就是肥羊兵法的精神。

肥羊：「買了，放著，等股票漲。」我的券商經理以前就是這麼說我的。

小蝶：可是這個理論有個很嚴肅的缺點，沒有龐大資金的人怎麼辦？

肥羊：可以存股不賣啊，也可以放著長期套牢，窮人有窮人的做法。

小蝶：但如果想獲取最大利潤，就一定需要極為龐大的資金，所以才會勸人削減家人的生活費，把所有資源集中到自己手上。但是你有想過這樣做，會遭來家人的怨恨嗎？

肥羊：我從小就跟家人不和，沒差啊。

小蝶：但我們正常人不是這樣，我們有感情和樂的家庭，

躺著賺\\400萬的肥羊養股術

我們不能這樣做。肥羊你是從小家庭就感情失和,才會變得如此絕情絕義。

肥羊:這就像當初有一個太監,靠自己的幻想悟出了《葵花寶典》,結果從此以後,每個練《葵花寶典》的人,都必須閹掉一樣。我只能說要不要閹掉是個人的自由,但不閹掉絕對練不成《葵花寶典》,這是鐵定的。

小蝶:整個肥羊兵法看似簡單可行,但其實極度違背人性。正常人根本無法做到,大概只有反社會人格的人,才能夠徹底執行肥羊兵法。

肥羊:我就是反社會人格啊。

不可否認,肥羊兵法不是正常人能夠做到的。由於肥羊從小的家庭環境太差,造就了肥羊的思想完全違反傳統道德。正常的股市名師在知道自己腦袋思想如此詭異的狀況之下,都會選擇隱藏自己的真面目,只講些可以拿上檯面的東西。也就是說,只討論如何選股和操作,不會去教你如何刻薄自己的家人,因為這樣做很容易引起反彈。

但本肥羊剛好是個變態，我比較喜歡討論如何虐待家人，而不是操作股票。迎合散戶的心理來出書，確實可以讓自己的書大賣，但這種只會逢迎拍馬的書籍，無法讓散戶賺到錢。散戶有必要了解股市名師內心最深層的黑暗，否則他永遠無法知道股市名師在關鍵時刻，為何會做出這樣的決定？事實上，我認為市面上的股票書籍，在心理學的探討太少，我希望能出本書，專門討論股票心理學。

不猜測大盤崩盤時機，而是做好資金配置

小蝶：中信金股價漲成這樣，還能買嗎？

肥羊：中信金股價沒超過 25 元都能買。

小蝶：巴菲特說，「在別人貪婪時恐懼，在別人恐懼時貪婪。」你不覺得自己太過貪婪，你都沒有任何恐懼嗎？

肥羊：沒有任何恐懼，我這個人就是貪婪到底。

小蝶：等崩盤時，你就知道自己怎麼死的。

躺著賺
400 萬的肥羊養股術

肥羊：所以啥時要崩盤？明年還是後年？巴菲特有辦法活著見到崩盤嗎？我很懷疑。

小蝶：你敢譏笑巴菲特，股神耶。

肥羊：但巴菲特最近幾年炒股績效不佳是事實。巴菲特浪費太多時間在恐懼，手上扣留太多資金在等待崩盤。這做法在以往沒有任何錯誤，但問題是我們目前正面臨有史以來最長的景氣繁榮期，長達 12 年（2008 年 5 月～2019 年 12 月）。那些「早晚等到崩盤」的巴菲特理論不確定何時才會應驗，只怕巴菲特再也沒有辦法，活著等到崩盤了。如果你無法預測股市何時會大漲，你就不應該預測股市何時會大跌，巴菲特很明顯犯了預測股市崩盤的錯誤。

小蝶：你這樣公開譏笑巴菲特，不怕明年（2020 年）就崩盤，被所有人笑嗎？

肥羊：明年崩盤是明年的事，我永遠只活在今年而已。任何事情都是今天或今年，我的字典裡面沒有明天和明年。話說小蝶你都認為明年會崩盤了，為何還不去放空大盤呢？

小蝶：我沒有把握明年會崩盤。

肥羊：既然都不知道明年會不會崩盤，那就是崩盤機率50%。小蝶你應該拿出50%的資金來炒股才對，這樣不管崩不崩盤，你都會正確一半。

小蝶：50%資金就是100萬元，如果說投入100萬元的資金，能買50張股票，萬一崩盤，股價腰斬，我會當場損失50萬元。

肥羊：但萬一崩盤，你還有100萬元的資金可以購買股票，由於股價被腰斬，此時可以購買100張股票，再加上之前買的50張，總共有150張股票。原本200萬元你只能買到100張中信金，崩盤你可以買到150張中信金，等於淨賺50張中信金。

小蝶：如果等崩盤再買，我可以買到200張中信金。

肥羊：但你不確定崩盤何時會來啊。難道你想學巴菲特，等到自然死亡，崩盤還沒來嗎？既然崩盤機率是50%，投

入 50% 資金最為合理。你不該去等 0% 或 100% 的機率，你應該依據目前的 50% 崩盤機率，來投入 50% 資金才對。

小蝶：第一次聽到有人不確定會不會崩盤，還叫人投入 50% 資金的。正常人會等機率確定，再投入資金炒股吧。

肥羊：所以正常人炒股永遠不會賺到錢，浪費太多時間在等待了。機率的控制是由機率女神來決定，人類無法干涉；資金的調配是由人類所決定，只要能控制好資金的分配狀況，就能達到機率的效果。應該先做自己能做的事情，而不是跑去做神才能做的事情，正常人太愚蠢了。

我炒股最常聽到的話：「等中信金跌到 18 元，立刻買 100 萬元。」這種人一輩子都不可能等到 18 元，就算中信金真的跌到 18 元，他也不敢買。所以我對這種人的處理方式很簡單：踢出社團。當然我相信他真的想買中信金，只是嫌目前的價位太高而已。我也相信他真的想學炒股，但我真的不想收這種人當學生，水準有夠差。

身旁有太多這樣的人，叫我買股票時要通知他，但當我

真的買股票通知他時，他又不買了。這種人說真的，沒資格當我的學生，肥羊流派沒有這種丟人現眼的弟子。那群在等待崩盤的，也是一樣，全部都是廢人。如果這種說法罵到巴菲特，那就罵吧。我又不認識巴菲特，何須在乎巴菲特的感受？

與其猜測崩盤到底會不會發生，不如今天就買股票，就算只買 1 張股票也好。買了 1 張股票，你才能知道股票的價格波動，才能累積股市經驗，心靈才能成長。不買的話，你永遠只是個外行人。無論你研究股市幾十年，或是滿口專業股票術語都一樣，你只是個大大的外行人，你不配加入肥羊流派。

學習正確作帳方式，以免被假帳欺騙

小蝶：我有個疑惑喔，為啥炒股獲利是直接拿現金股利當盈餘？應該要拿當天的價格作盈餘吧。

肥羊：每個交易日的價格都在變動，你 1 年想算帳 200 多次嗎？

小蝶：我可以用電腦算帳，省時省力。

肥羊：然後讓電腦完全算錯帳嗎？台灣目前沒有任何一個電腦程式可以精準地算出帳來，特別是在肥羊派波浪理論的計算上，電腦會直接算錯。

小蝶：但直接抓現金股利當盈餘，也很奇怪，如果成本比市價高的話，這樣現金股利還能當盈餘嗎？

肥羊：不能啊，只有在成本比市價低的情況下，才能抓現金股利為盈餘。成本是市價的 90% 以下時（以中信金 22 元計算，就是成本低於 19.8 元時，22×90% ＝ 19.8），直接抓現金股利為盈餘；成本是市價的 90% 以上時（以中信金 22 元計算，就是成本高於 19.8 元時，22×90% ＝ 19.8），直接將盈餘視為 0。

小蝶：那如果賠錢咧？我沒看到賠錢的計算方式。

肥羊：賠錢是以股票全部賣掉來做計算，股票如果沒賣掉就不算賠錢，也就是俗稱的長期套牢。

小蝶：如果一個人只算自己賺錢的帳，卻不算自己賠錢的帳，那麼，他將會年年炒股賺大錢，這樣的算帳方式合理嗎？

肥羊：不合理，但這種人無法在股市生存，他可以做很漂亮的帳出來，但他的財富無法累積，甚至逐年減少。以前某一家雜誌的採訪主任曾經採訪過一個人，他能說出一口漂亮的股票經，交出很漂亮的帳，但他的財富始終沒有增加，那位採訪主任注意到這個問題點，就自己刪掉訪問稿，沒有再採訪過他了。

小蝶：簡單來說，肥羊派算帳法很容易就能做出漂亮的假帳，但做這種假帳毫無意義，因為大家都能看出你沒錢。既然做假帳如此容易被識破，為何還有人做假帳呢？

肥羊：因為人們不會去看你做的假帳，他們也不會去注意你的財富是否增加，他們只想聽你訴說一個故事。一個從 100 萬元賺到 3,000 萬元的故事，他們如果不每天聽這種激勵人心的故事，麻醉一下自己，他們活不下去，他們無法面對現實。

你想想，一個月入 3 萬元的人，上面有 4 個老人要養，下面有 2 個小孩要照顧，老婆跟自己一樣都賺 3 萬元，我問你這日子要怎麼過？你要他們如何接受自己貧困一輩子的命運？

不是每個人都有勇氣刪減家人的生活費，更別提這些家人的生活費原本就已經少到非常可憐。因此這些窮人只能每天聽聽瞎掰的發大財故事，抽菸、喝酒、吃檳榔，來麻醉自己，偶爾簽簽樂透，追隨一下穩賺不賠的高獲利投資，不然你能要他們怎樣？不是窮人不爭氣，而是窮人看不到爭氣的方法，最後只能選擇自我放逐，變得更窮。

小蝶：真不愧是貧民窟出身的肥羊，對窮人的了解果然夠深刻，你身旁肯定有這種家人存在。你還知道其他做假帳的方法嗎？

肥羊：你知道選擇性做假帳嗎？以某位網路名人來講，他每次公布交易紀錄，都只有一行：「鴻海（2317）獲利20%。」沒有任何交易明細，單純就鴻海交易獲利 20% 而已。然後台灣人看到這麼高的獲利 20%，就開始瘋狂了。

問題是，他只有買鴻海嗎？搞不好還有買花仙子（1730）大賠 20%，但他只有用電腦抓出鴻海的帳而已，花仙子的帳就不抓了。像這種人每次炒股絕對大賺，永無賠錢之日，因為他絕不會抓自己賠錢的帳出來。

小蝶：都沒人注意到這個問題點嗎？

肥羊：有啊，但是這些網路紅人會說，個人隱私無可奉告。每天上網炫耀自己炒股賺多少，要查完整的交易紀錄，就說是個人隱私。那麼注重個人隱私，就別炫耀自己家產多少，每年賺幾百萬元，一聽就有鬼的謊話，相信的人還真不少。

小蝶：我會去告訴自己身旁的人，以免他們被假帳欺騙。

肥羊：沒用的，相信的人就會相信，不相信的人永遠不會相信。我唯一能做的，就是公布自己的交易紀錄，讓台灣人知道原來這樣炒股，真的能賺到錢。至於這群人願不願意學習長期投資，就隨便了，總有人喜歡在股市賠錢，隨他去吧。

　　區區一個作帳就能扯出許多的欺騙手法，我們之所以要學習正確的作帳方式，不只是為了要算出自己的帳，也是為了要避免被股市名師用假帳來欺騙。我知道手動算帳非常繁瑣，連我自己都嫌繁瑣了，但你至少要知道一下算帳的原理。如果你不太在乎帳目的精準度，用電腦算帳就可以了。

　　數學是很需要天分的，別太勉強自己。你不可能因為學會算帳，就從炒股中賺到錢。學不來就改用電腦算帳，放棄一點也不可恥，逃避往往才是最好的辦法。

行過死亡的幽谷　好公司與我同在

　　南方王都的羊王，一直想要攻打狼族的榕樹橋要塞，但每次從南方進攻榕樹橋要塞都慘敗。於是羊王決定效法肥羊渡過鱷魚河，從北方進攻榕樹橋要塞。

　　當先鋒部隊3萬隻羊渡過鱷魚河時，羊王下令後續的27萬隻羊繼續渡河，結果沒有半隻羊前進。羊王無奈，只能下令已經渡過河的3萬隻羊游回來，然而被鱷魚嚇到半死的3萬隻先鋒羊，看到撤退的信號，紛紛幹譙不停。許多羊直接癱軟在地不回來了，最後只剩下2萬隻羊游回來，1萬隻羊被狼族帶回北方牧場。

　　在追擊羊族的過程中，一支狼族小隊太過興奮，竟然跟著羊群一起游過鱷魚河，當場被29萬羊族大軍俘虜。羊王帶著76隻狼族俘虜回到羊都時，所有的羊紛紛前來觀看。

羊群為凱旋歸來的羊族大軍，撒上青草與鮮花，羊王在王都廣場發表了演講：「狼族每年南下劫掠我們羊族，死傷高達百萬，就像用大鐵鏈敲擊我們的膝蓋骨，疼痛難當。我們今天討伐狼族，俘虜了 76 隻狼，就如同用鐵釘刺進狼族的小趾頭。或許羊族的戰果，無法與狼族相提並論，但至少證明了狼族是可以打敗的，我們將會取得狼羊戰爭的最後勝利。」

　　現場所有羊群歡聲雷動，萬歲之聲響徹雲霄，眾人都慶祝著羊族的首次大捷。

◆━━◆━━◆━━◆━━◆━━◆━━◆━━◆

　　1 萬隻羊換 76 隻狼，可以算是大捷嗎？這就得看你怎麼想了。但可以肯定的是，如果羊王呆坐在王都裡，什麼樣的戰果都不可能取得。要先打仗才會有戰果，也才能累積經驗，很基本的道理，但沒有人懂。大家都認為兵法書隨便翻一翻，就能夠獲勝，很愚蠢對吧？我就是罵正在翻書的各位讀者。你不可能讀完肥羊兵法一遍，就能領悟任何道理，你就算翻 10 遍，也不可能知道任何事情。

肥羊兵法是實戰兵法，只有實際操作股票，才能展現肥羊兵法的優缺點。因此我們鼓勵所有讀者，掏出你的錢，買張股票實際操作一下。

你可以花 44 萬元，買進 20 張中信金（2891），練習一下肥羊派波浪理論的操作，或者只花 2 萬多元買 1 張中信金，單純進行存股不賣的理論。無論如何，你都得實際買賣一下股票，否則無法了解本兵法的奧妙之處，只讀書不操作的人，永遠無法學會任何的炒股技巧。

先有足夠的本金，才有機會靠炒股達到財富自由

在本書中，我們反覆提到兩個地名：鱷魚河和火山要塞。鱷魚河反映了普通人所處的環境——四處都被布滿鱷魚的河流所包圍。一個人如果沒有錢，他需要努力工作賺錢，日夜加班或者升官發財，但實際上他做不到，所以他只能從這條工作賺錢的鱷魚河縮回來。無法開源，那就是節流。所以，他決定縮減全家人的開銷，遭到家人的群起指責，紛紛罵他愛錢不愛家人，他受不了家人的壓力，也只能縮回來。

不能開源、不能節流，那怎麼辦？就只剩下炒股了。於是跑來問肥羊：「如何用 50 萬元，在 10 年內炒股賺到 3,000 萬元？」本肥羊勸他：「趁早上吊，現在投胎，10 年後還有機率家產 3,000 萬元以上。」他只好從炒股發財的鱷魚河縮回來。

　　很多人會覺得本肥羊很過分，竟然叫他去死，至少也該叫人家去買樂透吧。但其實樂透中獎機率很低，以大樂透而言，只有頭獎可以拿 1 億元。就算你中了二獎，也不過 1,000 萬元左右。但你中頭獎的機率是 1/1,398 萬，拿 50 萬元全部買樂透，可以買 1 萬組，機率提升到 0.0715%（＝ 1÷1,398 萬 ×1 萬 ×100%）。

　　根據瑞士信貸（Credit Suisse）2019 年《全球財富報告》，台灣有 52 萬 8,000 名身價 3,000 萬元以上的人，以 2019 年 11 月台灣總人口數 2,360 萬人計算，比率為 2.23%（＝ 52 萬 8,000÷2,360 萬 ×100%）。我們可以看出上吊重新投胎，家產 3,000 萬元的機率，是簽樂透的 31.2 倍（＝ 2.23%÷0.0715%）。所以我們當然勸這些想 10 年內得到家產 3,000 萬元的人，上吊比較快，合情合理。

當然我相信沒有人願意上吊，於是你又從上吊的鱷魚河縮回來。這時你還剩下什麼選擇？剛好你打開了網路，發現穩賺不賠的高報酬投資，你去參加了免費講座，發現老師為人非常誠懇，所講的投資方法確實可行。

　　於是，你投資了，又被騙得血本無歸，你只能再從高報酬的鱷魚河縮回來。這時的你，還剩下什麼？還能做什麼？你除了每天幹譙政府腐敗無能，怨嘆日夜辛苦工作，卻一無所獲，你還能幹嘛呢？

　　每個人都被四周圍繞的鱷魚河困住了，你只能選擇一個方向突圍，看是要努力多賺錢，或是拚命削減家人的開銷，都可以，但絕對不是炒股。炒股無法讓你財務自由，你必須先累積到足夠的本金才能炒股，也才能財務自由。如果你沒有足夠的本金，就跑去炒股，你不可能財務自由。你用 50 萬元去炒股，就算歷經 40 年，家產翻了 10 倍，也不過 500 萬元而已，沒用啊。

　　更別提還得扣掉 40 年的通貨膨脹，真不知 40 年後的 500 萬元能做啥？但如果你用 500 萬元去炒股，歷經 40 年，

家產翻了 10 倍,就是 5,000 萬元,你就有可能財務自由。所以我一再強調,炒股只是輔助而已,真正的獲利來自工作賺錢,和削減家人開銷。至於外面那些宣稱每年炒股獲利 20% ~ 50% 的投資課程,你想參加就去參加吧,反正詐騙的鱷魚河上,不差你一具屍體。

對股市負面消息應冷靜以對

書中另一個常提到的地方,是肥羊定居的火山要塞。很多人都覺得,住這是啥鬼地方,竟然住在活火山上面,都不怕火山爆炸的。其實啊,每個人都住在火山上面,完全不知道火山何時會爆炸。你出門會被車撞死,工作會過勞死,吃飯會噎死,看醫師會被醫死。你倒是告訴我,台灣哪個地方是安全的?

買股票也是一樣啊,每家公司都有可能倒閉。這些事情在購買股票時,你就應該知道了,不是等公司倒閉才知道。我們無法預測火山何時會爆發,但在火山還沒爆發之前,我們不應該慌張。以日本火山爆發等級來講,我們只在第 5 級火山警報(詳見註 1)時撤退。至於日本政府發布第 1、

2、3、4 級警報時,我們裝作沒看到。

「裝死」是中國人的傳統美德。不要因為公司出了一點小事情,就大驚小怪,我們是住在火山的居民耶,天天擔驚受怕的,你以後日子要怎麼過啊?公司出事,上了新聞,你就嚇到賣股票,你以後要如何在股市生存呢?安心地在火山住下來,等火山灰衝上雲霄,再撤退也不遲。

永遠記住,任何事情上了新聞,就是所有人都知道,也就意味著你根本來不及逃走。既然來不及逃走,何不喝杯果汁,欣賞一下火山噴入高空的美景呢?無論發生任何事情,冷靜就對了。永遠不要在新聞爆發的 3 個月內採取行動,你應該等待 1 年,甚至 2 年,才做出反應。龜兔賽跑中,獲勝的永遠都是慢慢爬的烏龜,別忘了。

不做超過自身財務能力負擔的事

小蝶聽從了肥羊的建議,拒絕拿 200 萬元給罹癌的老爸做標靶治療,半年後,老爸死了。喪禮時,小蝶老媽罵小蝶是殺人兇手,小蝶大怒轉身離開。過年時分,肥羊和小

蝶聚在一起吃飯。

小蝶：這次炒股獲利了 20 萬元，真開心，這都是肥羊的功勞。

肥羊：能夠大膽投資 200 萬元，在大跌和大漲時，把持得住自己，小蝶你至少是 A 級的炒股資質。換作那些 B 級或 C 級的學生，可沒有這種水準的獲利。

小蝶：如果是 D 級的學生向肥羊學習的話，能夠賺多少錢呢？

肥羊：那些資質低落的 D 級學生，永遠只會賠錢而已，誰來教導都是一樣的。

小蝶：我先前介紹你認識的那個同事，她把肥羊兵法分析得非常透徹，你認為她是什麼資質呢？

註 1：日本火山噴發警戒等級共分 5 級，等級 1 為留意火山口，等級 2 為火山口周邊管制，等級 3 為入山管制，等級 4 為準備避難，等級 5 為避難。

肥羊：那個嘴炮女王喔，頂多 C 級的水準。打得一口好嘴炮，但炒股成績卻是 0。我從不聽人講一堆廢話，我只看他的實際操作而已。

小蝶：雖然我炒股賺錢很高興，但我爸死了，我為了錢，害死自己的老爸。如果當初我拿 200 萬元出來給我爸做標靶治療的話，也許老爸就不會死了。

肥羊：如果你拿 200 萬元出來做標靶治療，你只會害死自己的老爸，順便賠掉 200 萬元。你爸半年就死了，證明他已經到達癌症末期，怎麼醫治都一樣。那位要求你爸做標靶治療的醫師，只是單純在騙錢而已。

小蝶：醫師不是醫德都很高尚，有可能會騙錢嗎？

肥羊：醫師還有貪汙、吸毒、酗酒、偷竊、殺人、嗑藥、強姦，何止是會騙錢而已。就如同護士也有跑去做酒家女的，社會就是如此，何足為奇？

小蝶：我有點想念老媽。

肥羊：想念就回去看她吧。

小蝶：如果我媽看到我就破口大罵，怎麼辦？

肥羊：那就轉身離去，從此以後不再回家了，沒有必要理睬任何一個對你不好的人，即使她是你老媽。

小蝶：因為我媽罵我，我就跟她斷交，這樣會不會很過分啊？

肥羊：她罵你都不過分了，你跟她斷交怎麼會過分。你現在回家去，正好知道你媽是不是還值得繼續來往。如果不值得來往，雙方就此決裂也好。

小蝶：這真是不孝順。

肥羊：孝順無法讓你在社會上立足，你需要的是金錢和權力。當初公司開除你時，可曾想過你沒錢該如何孝順父母？當初工會拋棄你時，可曾在乎過你是個孝順的女兒？切切實實地照顧好自己，比孝順父母更重要。

小蝶後來回家時，老媽只說了一句話：「回來就好。」

家人如果在乎你，就不應該向你勒索金錢。鴻海（2317）創辦人郭台銘可以給老媽請特別看護，但你不行，因為你沒錢。窮人有窮人的做法，放手讓父母病死，就是窮人最好的做法。有多少錢做多少事情，別為了一個垂死的老人，逼全家破產上吊。

200 萬元重要？還是父母重要？答案顯而易見，當然是200 萬元重要。除非你有 2,000 萬元的家產，否則永遠別說父母比 200 萬元重要。永遠只在自己能力範圍內孝順父母，別做超越自身能力的事情，即使這樣會被所有人說不孝，也完全不需要理睬任何人的想法。有見識的人，注定無法被世人所理解。

不過度操作股票，「躺著」才能賺錢

能夠寫到這裡，就表示本書終於要完結了。其實很少有人知道，我一直很擔心第 2 本書被腰斬，特別是在 2019 年年初中信金大跌那段時間。我每天看到中信金下跌，心裡

面非常憂愁。特別是 FB 社團「股市肥羊」裡面，還有一堆人在唱衰中信金，我後來把這些人全踢了。社團就已經人心惶惶，這些傢伙還在製造恐慌，真是不應該。

每個人都認為肥羊很冷靜，股票跌成那樣還不為所動。不是肥羊冷靜，而是不知道該怎麼辦才好；不是不為所動，而是不知道要怎麼動。所謂慌亂到極限，就只能冷靜了。肥羊心裡苦，但肥羊不說，因為說了也沒用，只是製造更大的恐慌而已。

會寫這些過往的痛苦，當然是因為現在中信金賺錢，賺了錢就不會痛苦啊。我人生只有 3 檔股票大賺：中信金、第一金（2892）和中華電（2412），剩下的股票都賺很少。目前中信金是我手上獲利最高的股票，而這檔股票是 2017 年和 2018 年買的，不是 2016 年買的。第一金才是 2016 年買的，目前（2019 年 11 月 21 日）已經把第一金全部賣光，獲利 499 萬元。

很多人都跟我說：「如果能夠再回到 2016 年，他一定會大買特買股票。」其實啊，人如果無能，就不要一大堆藉

口。我在 2019 年賺的錢，比 2016 年賺的錢還要多。沒有買在最低點，根本不是理由，我中信金也不是買在最低點。會炒股的人，年年都是大漲年；不會炒股的人，年年都是崩盤年。人們的失敗，永遠有千百種理由；人們的成功，卻只有一種理由。面對自己的無能非常重要，否則你連進肥羊流派的資格都沒有。

這次中信金大賺，是本書能夠出版的關鍵，也是本書《躺著賺 1 年 400 萬的肥羊養股術》中「躺著賺」的由來。事實上，我今年也確實只有躺著而已。我沒有去參加股東會，沒有看財務報表，沒有研究線圖，也沒有去追蹤新聞和專家看法，我真的就只有躺著，等中信金漲，慢慢數錢而已。

如果我躺著的這段時間，中信金股價不是大漲，而是大跌，那我也只能繼續躺著而已，不然還能做啥呢？中信金的股價不會因為我站著就上漲，也不會因為我躺著就下跌，不管我躺著或是站著，中信金股價都不會有任何變化，我當然是選躺著囉。

人們往往很努力地在研究，卻不知道到底在研究啥？認

真如果無法為你帶來任何財富，歡迎加入打混的肥羊一族。我躺著，所以我的財富增加。人生的真理就是如此。以前當急診醫師時，總是很多人說我態度散漫，我就看不出來工作認真的人，醫術到底哪裡比較好了？還不是照樣被抬棺抗議。人啊，總是逼自己逼得太緊，停下腳步喝杯咖啡，你會看見完全不一樣的世界。

其實我小時候也只是因為好玩而研究股票，不知不覺中靠股票累積到如此的財富，都超越醫師的所得了。認真說來，我做了什麼？還不就是隨便玩玩的心態，依靠自己的幻想賺錢，在睡夢中數鈔票而已。

為了當醫師，我努力了 20 年，結果賺輸自己小時候的炒股幻想，那我這 20 年的努力又算啥呢？人生就像做夢一樣，紅塵來去一場空。凡事抱持著輕鬆的態度，賺錢高興一天就好，賠錢則要微笑面對。認真地研究股票，愚蠢啊。打混才是王道，躺著賺才叫人生。

我個人覺得寫書最大的好處，是可以不用跟粉絲解釋一大堆，粉絲有疑問，直接叫他去買書就好。解釋股票時很

省事，還可以順便衝書本銷售量，否則每天都要回答粉絲一模一樣的問題，其實挺煩的。特別是大部分的問題，書本都能查到，而且還反覆提了好幾次，這些粉絲竟然不知道，肯定是沒買書。

之後如果有人還有疑問，就貼本書的網路購買連結，叫他去買。不肯看書的人，肯定不是肥羊子弟兵，就無須理睬他的死活了。如果還有疑問，大家翻開書本來討論，沒看書的，就謝謝再聯絡。我看過很多社團，龍蛇共處，混在一起，感覺非常雜亂。因此我想打造出一個只有肥羊子弟兵的地方，剩下的人全部趕走。

從書中的故事，應該就可以看出來，肥羊非常討厭和自己唱反調的人。因此會眼睜睜看著自己族群的羊，去中央大草原送死，也會把不同族群的談判代表，砍下羊腦袋丟出城外。看起來很狠心，不過本來就沒必要理睬別人的死活，顧好自己人最重要。

書本就是一個分辨派系的好道具，沒有書本就一定不是肥羊派的，本肥羊當然也沒必要理睬你的死活。那如果沒

躺著賺

400萬的肥羊養股術

錢買書的人呢？建議你拿手機，直接對著書本內容拍照，這樣就不需要買書了。我不會介意你買不買書，但我很介意你是不是肥羊派的人。

投入資金以 50% 為佳，不建議用槓桿投資

本書的絕大部分內容都是在 2019 年 11 月 21 日以前完成，在 1 個月後的今天（2019 年 12 月 20 日），我完成了最後的校稿，之後就是第 2 本書的發行了。我目前擁有 1,269 張中信金和 21 張富邦金（2881），為了避免拖累出書的速度，本書並沒有附上 2019 年 12 月 13 日的富邦金交易紀錄，一切的交易紀錄都只到 2019 年 11 月 21 日為止，希望各位讀者能夠諒解。

我預計花上 10 年的時間購買富邦金，規模為 2,000 萬元，目前還欠缺 1,900 萬元。資金來源為持有中信金 10 年的現金股利（1,200 萬元～ 1,300 萬元）和我自己的薪水（600 萬元～ 700 萬元）。當然，最後能買下多少富邦金，還是得看天意，這不是我所能決定的。也許還沒買到第 5 年，富邦金就貴到讓我買不下去了。

我喜歡把自己買進的股票寫在書裡，在下一本書出版時，再來對答案。如果答案錯誤，也不會有下一本書了，出版社是現實的。目前各位可以看到第 2 本書，就表示我第 1 本書買進中信金的答案正確。再來就是第 3 本書了，不知道第 2 本書買進富邦金的答案是否正確？我也想知道照這種玩命的賭法，究竟可以出到第幾本書呢？因為我天性好賭，所以會用這種翻牌式的賭法來出書，享受著勝負一線之間的快感。

　　其他的股市名師可不會幹這種蠢事，他們從不說出自己手上究竟擁有哪些股票，這樣才能塑造出自己炒股必勝的形象。沒有哪一個正常人會把一切壓在股市的漲跌，除非是個瘋子，本肥羊正巧就是那個瘋子。我本身炒股的方式屬於梭哈，這種做法非常危險，但我享受這種危險的快感。

　　可是我不建議普通人做出梭哈的舉動，投入資金最好還是以 50% 為最佳，100% 梭哈太過瘋狂，市面上還有鼓勵借錢炒股的 200% 以上槓桿做法，實在是非常腦殘的做法。但我不反對你去做，我了解正常炒股無法帶給你財富的無奈，200% 以上的槓桿做法不失為突破鱷魚河的做法。不過

躺著賺\
《400 萬的肥羊養股術

失敗的話,你將會被鱷魚吃到屍骨無存。知道風險,就能投資,這是個人的自由,無法干涉。

2021 年將會是本肥羊最後 1 年炒股,以後就是孩子的天下了。我將會專心在寫作和社團經營上,兒子的交易紀錄也會公布在 FB 社團「股市肥羊」。我沒死之前,兒子還是得接受老爸關心的,無論他願不願意。

我利用寫書和教人炒股發現了很多問題,我相信我兒子也有這些問題,只能慢慢矯正了。肥羊兵法要教育的不是散戶,而是翁家的子子孫孫,我以傳承的概念書寫每一篇文章。

分批進場有 3 大問題,資金應一次投入

再來談談崩盤的概念。我在看電視劇《冰與火之歌》第 1 季時,就說冬天將到(Winter is coming),但我看到第 5 季結束時,北方才總算下了點小雪,離冬天來臨還很遙遠。直到第 6 季最後 1 集,才正式宣布冬天來臨,等個冬天等了整整 6 季,真是吊人胃口。崩盤也是同樣的概念。2016

年就很多人說會崩盤，到現在都快 2020 年了，還沒崩盤。台股從 2008 年大崩盤後上漲至今將近 12 年了（2008 年 5 月～ 2019 年 12 月），我不知道你有多少個 12 年可以等待崩盤？你還要持續等待崩盤下去嗎？

肥羊兵法是一種用羊族屍體撞擊狼族士兵的詭異戰術，你根本不應該等待，你應該今天就買股票，即使明天就大崩盤了。即使只花 1 天的時間來等待崩盤，都是嚴重的浪費，完全沒有效率可言。我不知道這本書出版時，中信金的價位是多少？如果還沒超過推薦價 25 元，麻煩去買 1 張中信金。

肥羊兵法是用做的，不是用等的，如果你買中信金賠錢怎麼辦呢？肥羊原本就是要讓你賠錢啊，看完這本書還不明白嗎？如果不讓 1 隻羊成為屍體，其他 9 隻羊要如何撞擊狼族士兵？不賠錢還能稱上是肥滋滋的羊肉嗎？歡迎加入以賠錢為榮的肥羊俱樂部。

很多人會覺得本肥羊在一開始投入的資金太超過了，為何不投入少一點的資金呢？股票就像初戀一樣，如果你沒

有在一開始布好局，股票會飆漲，初戀則是會跟別的男人跑。因此不能拖時間，必須一開始就搞定，投入大量的資金炒股，看股票怎麼漲。讓女人懷孕，看她能跟誰跑。

只要是好股票，股價在 3 年～5 年內一定會漲，除非遇到崩盤，反正頂多再等 3 年～5 年。要是這檔股票 6 年～10 年內股價都沒有漲，那肯定是 1 檔爛股票。遇到爛股票，我們的處理方法是什麼？停止買進，只領現金股利，跟股票耗 20 年，務必把本金拿回來。

現在我們再回到剛剛的話題，請問你拒絕一次買足，改成分批進場的原因是什麼？怕股票下跌嗎？那你不配當肥羊子弟兵，滾去其他流派吧。肥羊派以賠錢為最大光榮，人人悍不畏死。如果你是想累積炒股經驗才分批進場，那我可以接受，畢竟新手需要砍稻草人作為練習，不能直接實戰。但你終究只是在練習而已，你最後還是需要實戰的，也就是你早晚得習慣一次投入大量資金。

如果你是因為現金不夠才分批入場，這不是你的錯。擁有 100 萬元的人，總不可能一次投入 200 萬元資金。借錢

投資不是肥羊派的做法，你需要慢慢工作累積資金，這做法沒問題的。

再來我們談談分批入場的 3 個問題點：

第 1 個問題點，你要分幾年入場？一個完整的股票週期是 10 年，所以你要分 10 年入場嗎？你有可能買到第 10 年嗎？好股票第 10 年股價早就漲到翻，甚至於價格都翻好幾倍了，你有可能買到第 10 年嗎？不可能的事情。

如果你一檔股票可以買到第 10 年，那只證明一件事情，你買的是一檔爛股票，所以你才能買到第 10 年。我們說過爛股票是不能買的，你只能領現金股利，等解套而已。你長期投資一檔爛股票 10 年，這是何等愚蠢的長期投資。

第 2 個問題點，如果你只投資 5 年呢？一樣不可行，因為好股票的股價 3 年～5 年就會開始漲了，除非你運氣很好，能遇到崩盤。目前（2019 年 11 月 21 日）全球股市已經將近 12 年沒有崩過盤了，投資 5 年，想遇到崩盤的機率是 41.7%（＝5÷12×100%）。也就是說，你有 58.3%（＝

1 − 41.7%）的機率遇不到崩盤，只是在傻等而已，這不是
一個聰明的做法。

　　如果你只投資 3 年，遇到崩盤的機率是 25%（＝
3÷12×100%），成功率更低。投資 1 年遇到崩盤的機率
就更別提了，只有 8.3%（＝1÷12×100%）。也就是說，
分批入場時間拖得太長，你根本不敢買，因為股價飆太高
了。分批入場時間如果太短，根本遇不到崩盤，也完全沒
有降低風險的用處。

　　第 3 個問題點，很多人會說：「我就是要分 10 年買進，
無論股票價格飆多高，我都會買進。」該怎麼說咧？嘴炮
人人會打，敢不敢做又是另一回事囉。如果你買過 6.24 元
的玉山金（2008 年 10 月 28 日收盤價），我不相信你敢買
27.35 元的玉山金（2019 年 11 月 21 日收盤價），不可能
的事情。人性不可能在股票漲了好幾倍後，還敢繼續買。

　　而我剛剛說的，就是玉山金這些年的股價。所以你敢從
6.24 元買到 27.35 元嗎？沒人會去做的。敢說自己會這樣
買的人，肯定沒買過 6.24 元的玉山金，因為自己從沒做過，

才會說自己敢做，人就是喜歡自吹自擂的可悲生物。

　　總是有人問本肥羊：「是長期投資，還是短線投機？是存股，還是炒股？」都不是，我們是肥羊流派，不同於目前市面上的所有流派，本流派是完全獨創的。所以別再拿市面上那些奇怪的思考邏輯來詢問肥羊，別人的想法我不知道；也別跟我討論其他書籍的觀念，那些書本我看不懂。

　　只要有強勁的風勢，就能讓大鵬鳥飛上9萬公里的高空。「大鵬一日同風起，扶搖直上9萬里。」如果沒有東風的話，大喬和小喬兩位美女，也只能被曹操鎖在銅雀臺了。「東風不與周郎便，銅雀春深鎖二喬。」有風直飛上天，沒風周瑜兵敗赤壁。我們可以看得出來，無論事先規畫得多完美，最後還是得看天意。

　　肥羊兵法有高亢的熱情，也有低落的憂鬱。熱情或是憂鬱，一切都還是得看天意，我們只能做好自己該做的準備而已。所謂的準備其實就是指，大跌要買進，大漲要賣掉，套牢要領現金股利而已。無論股市如何變化，以後會怎樣就讓它怎樣吧（Whatever will be, will be）。

躺著賺1,400萬的肥羊養股術

　　我行走過充滿死亡的幽深山谷，但卻不擔心自己會死亡，因為好公司與我同在。我的信念，我的執著，都在安慰著我，大公司不會有任何問題。只要順著散戶骨頭的殘骸行走，出口就必定在那個方向。

國家圖書館出版品預行編目資料

躺著賺1年400萬的肥羊養股術 / 翁建原著. -- 一版.
-- 臺北市：Smart智富文化, 城邦文化, 2020.01
面；　公分
ISBN 978-986-98244-8-4(平裝)

1.股票投資 2.投資技術 3.投資分析

563.53　　　　　　　　　　　　　　108022944

Smart 智富
躺著賺1年400萬的肥羊養股術

作者	翁建原
企畫	周明欣

商周集團
榮譽發行人	金惟純
執行長	郭奕伶
總經理	朱紀中

Smart 智富
社長	林正峰（兼總編輯）
副總監	楊巧鈴
編輯	胡定豪、施茵曼、連宜玫、陳婉庭、劉鈺雯
資深主任設計	張麗珍
版面構成	林美玲、廖洲文、廖彥嘉

出版	Smart 智富
地址	104 台北市中山區民生東路二段 141 號 4 樓
網站	smart.businessweekly.com.tw
客戶服務專線	（02）2510-8888
客戶服務傳真	（02）2503-5868
發行	英屬蓋曼群島商家庭傳媒股份有限公司城邦分公司

製版印刷	科樂印刷事業股份有限公司
初版一刷	2020 年 01 月
初版五刷	2020 年 10 月
ISBN	978-986-98244-8-4

為了提供您更優質的服務，《Smart 智富》會不定期提供您最新的出版訊息、優惠通知及活動消息。請您提起筆來，馬上填寫本回函！填寫完畢後，免貼郵票，請直接寄回本公司或傳真回覆。Smart 傳真專線：（02）2500-1956

1. 您若同意 Smart 智富透過電子郵件，提供最新的活動訊息與出版品介紹，請留下電子郵件信箱：

2. 您購買本書的地點為：□超商，例：7-11、全家
   □連鎖書店，例：金石堂、誠品
   □網路書店，例：博客來、金石堂網路書店
   □量販店，例：家樂福、大潤發、愛買
   □一般書店

3. 您最常閱讀 Smart 智富哪一種出版品？
   □ Smart 智富月刊（每月 1 日出刊）　　□ Smart 叢書　　□ Smart DVD

4. 您有參加過 Smart 智富的實體活動課程嗎？　□有參加　　□沒興趣　　□考慮中
   或對課程活動有任何建議或需要改進事宜：

5. 您希望加強對何種投資理財工具做更深入的了解？
   □現股交易　　□當沖　　□期貨　　□權證　　□選擇權　　□房地產
   □海外基金　　□國內基金　　□其他：

6. 對本書內容、編排或其他產品、活動，有需要改善的事項，歡迎告訴我們，如希望 Smart 提供其他新的服務，也請讓我們知道：

您的基本資料：（請詳細填寫下列基本資料，本刊對個人資料均予保密，謝謝）

姓名：　　　　　　　　　　　　　性別：□男　□女

出生年份：　　　　　　　　　　　聯絡電話：

通訊地址：

從事產業：□軍人　□公教　□農業　□傳產業　□科技業　□服務業　□自營商　□家管

您也可以掃描右方 QR Code、回傳電子表單，提供您寶貴的意見。

想知道 Smart 智富各項課程最新消息，快加入 Smart 自學網 Line@。

104 台北市民生東路 2 段 141 號 4 樓

廣 告 回 函
台灣北區郵政管理局登記證
台北廣字第 000791 號
免 貼 郵 票

行銷部 收

●填寫完畢後請沿著左側的虛線撕下

●請沿著虛線對摺，謝謝。

書號：WBSI0091A1
書名：躺著賺1年400萬的肥羊養股術